EUGÈNE BELUZE

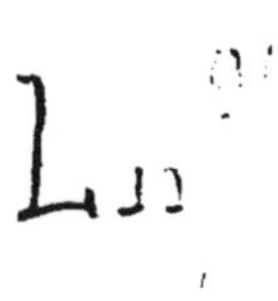

OUVRAGES DU MÊME AUTEUR

Contes à ma nièce...................... 3 fr.

Petit Manuel du Patronage dans les villes.. 30 c.

—————— ✳ ——————

1826-1887

Félix Dujardin

CHRISTIAN DE COULONGE

EUGÈNE BELUZE

SA VIE ET SES ŒUVRES

AVEC UNE LETTRE

DE MGR D'HULST

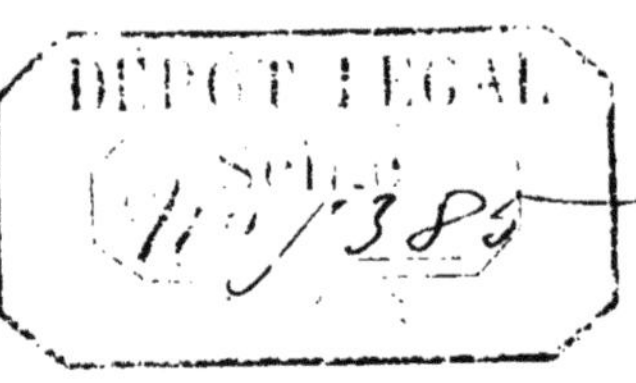

PARIS

LIBRAIRIE CH. POUSSIELGUE

RUE CASSETTE, 15

1893

Cher Monsieur,

Je viens d'achever la lecture de la notice biographique que vous avez consacrée à la mémoire de M. Eugène Beluze, et je veux, sans tarder, vous remercier de l'avoir écrite. Ceux qui, comme nous, ont eu le bonheur de connaître, de voir de près cet humble et grand chrétien, seront heureux de retrouver dans vos pages ce qu'ils savaient et d'y apprendre bien des secrets de vertu qu'ils ignoraient; mais c'est surtout pour la nouvelle génération et pour celles qui lui succèderont dans le monde des écoles et dans le monde des œuvres, que vous avez travaillé, et je dois vous en féliciter. Des hommes comme Eugène Beluze ne doivent pas être oubliés. Leur vie est de celles qui peuvent le plus utilement être proposées en exemple, parce que, modeste et commune en ses dehors, elle fut néanmoins sainte au dedans et féconde en bienfaits de toute sorte.

Eugène Beluze appartenait à cette pléiade de chrétiens qui détruisirent en France le règne du respect humain et rendirent à la jeunesse baptisée, avec le courage de montrer sa foi, le secret de la garder et celui de la répandre. Depuis que, par leurs efforts persévérants, la liberté a été rendue à l'enseignement, depuis que les parents chrétiens ont reconquis le droit de confier leurs enfants à des maîtres qui respectent leur âme et la cultivent, c'est pour nous un spectacle banal de voir les jeunes hommes professer ouvertement la religion de leurs mères. J'ai connu un temps où cela semblait une merveille. Qu'on relise les souvenirs de jeunesse de Lacordaire, de Montalembert ou du P. Gratry, on verra ce qu'était l'éducation du lycée à une époque où aucune autre éducation n'était permise, et l'on comprendra ce qu'il a fallu d'énergie à ces hommes pour préparer aux générations suivantes un sort meilleur. Ils eussent envié à la jeunesse d'aujourd'hui les facilités sans nombre, les entraînements salutaires qui la sollicitent au bien. Mais hélas! celle-ci n'a-t-elle pas à leur envier les mâles vertus, l'esprit d'initiative et de dévouement qui les ont faits capables de conquérir et de nous léguer les avantages dont nous jouissons?

Et c'est là précisément ce qu'il est nécessaire d'inculquer à nos jeunes gens. Il faut qu'ils comprennent que tout privilège oblige et que, prévenus de tant de faveurs, ils n'ont pas le droit de gaspiller l'héritage, pas même celui de l'enfouir et de le transmettre sans accroissement à leurs successeurs dans la vie.

L'exemple d'Eugène Beluze est des plus instructifs à cet égard. Il ne fut pas du nombre des initiateurs dont je parlais tout à l'heure, mais il vint après eux, à temps pour les connaître, pour s'inspirer en leur compagnie et se faire leur continuateur. Il est facile de suivre, dans vos pages, le progrès de son action. Entre les modestes débuts de l'école du soir de Saint-Nicolas du Chardonnet et les grandes œuvres qui signalent la fin de sa carrière, quel chemin parcouru! Beluze a fourni ces étapes au jour le jour, sans s'apercevoir des grands pas que faisait avec lui l'initiative catholique. L'idée ne lui est jamais venue qu'il était l'ouvrier de grandes choses et c'est pour cela qu'il ne s'est pas arrêté un seul jour. Persuadé qu'il faisait peu, il ne s'accordait point de trêve; et sa gerbe grossissait d'autant plus qu'il la trouvait toujours trop petite.

Un autre enseignement qui ressort de la vie d'Eugène Beluze, c'est que, pour agir sur son temps, il n'est pas nécessaire d'être quelque chose, il suffit d'être quelqu'un. Beluze ne fut jamais rien.... qu'avocat; mais il le fut si peu qu'autant vaut n'en pas parler. Il fut un chrétien et il se donna. Sa santé, sa fortune, son intelligence, son cœur, il mit tout, sans compter, au service de Dieu, de l'Église, des pauvres, surtout au service des âmes de jeunes gens. Il fit cela toute sa vie, attentif à saisir les occasions, soucieux de les faire naître. Ce moyen, simple autant qu'héroïque en sa continuité, lui suffit pour remplir un programme qui aurait défrayé l'activité de plusieurs existences. Grande leçon pour tant de jeunes hommes qui se lamentent d'être mis par la politique en dehors des fonctions publiques et qui rêvent d'une carrière toute faite où l'on avancerait comme dans un wagon-lit, en dormant !

Vous avez parlé d'Eugène Beluze comme quelqu'un qui le connaissait bien, en respectant sa modestie, en ne trahissant qu'avec réserve les secrets de son humilité.

Cependant, de ce récit sans apprêt se dégage un parfum plein de suavité.

Vous n'avez pas dissimulé les excès de crédulité et de confiance qu'on a tant reprochés à sa charité; mais vous en avez révélé le vrai motif, l'amour des âmes; et le trait du jeune escroc que vous avez si bien conté, suffirait à prouver que si Beluze était de ceux qu'on trompe, c'était parce qu'il personnifiait cette vertu sublime dont saint Paul a dit : « Elle croit tout, elle supporte tout parce qu'elle espère tout[1]. » Il feignait de croire les trompeurs, il supportait les fâcheux, parce qu'il espérait les convertir.

Puisse votre écrit, cher Monsieur, susciter à ce grand chrétien des conti-

1. I, *Cor.*, XIII, 7.

nuateurs ! Ceux qui vous auront lu, aimeront à interroger, à travers la froide insensibilité du marbre, cette figure d'Eugène Beluze qui sourit à la jeunesse dans la grande salle du Cercle du Luxembourg. Ils diront à l'ami disparu : «Que voulez-vous de nous ? » Et Beluze répondra : « Soyez mes imitateurs comme je l'ai été de Jésus-Christ[1]. Prenez l'œuvre de régénération chrétienne et française où je l'ai laissée et faites-lui faire, dans l'avenir, des progrès pareils à ceux auxquels j'ai travaillé dans le passé. Cherchez l'influence par le savoir; exercez-la par le zèle; faites-la accepter par l'amour. »

1. I, *Cor.*, XI, 1.

Ce langage d'un mort qui vit en Dieu, sera écouté de la jeunesse et, celle-ci, reconnaissant en vous un digne émule d'Eugène Beluze, vous bénira pour lui avoir fait entendre une dernière fois sa voix aimée.

Paris, le 17 août 1893.

M. D'HULST.

EUGÈNE BELUZE

CHAPITRE PREMIER

DÉBUTS

Eugène Beluze naquit à Ecully, petit village près de Lyon, le 12 juillet 1826. Sa naissance coûta la vie à sa mère, Jeanne Dubiè, épouse de M. Beluze, notaire à Vaisse. Une chute terrible que fit Eugène, des bras de sa nourrice, le laissa infirme de la main gauche pour le reste de ses jours. Son père se dévoua à l'éducation de son seul enfant, dont la frêle et délicate santé lui donna longtemps des inquiétudes. Ce fut pour cette raison qu'Eugène passa toute son enfance dans un établissement dirigé par le docteur Pravaz. Il y reçut des leçons de maîtres particuliers et y fit sa première communion avec une grande piété. Ce ne fut qu'un an après qu'il entra au collège d'Oullins. Il y resta cinq ans. Dès cette époque son caractère se dessinait. D'une gaîté communicative, il animait toutes les récréations par son entrain, mais, lorsque l'heure du travail avait sonné, on le trouvait toujours au premier rang des travailleurs. Il eut quelques succès dans ses classes et subit brillamment l'épreuve du baccalauréat. Ce fut une grande joie pour son père qui attachait une extrême importance aux progrès de son instruction. Après le baccalauréat, Eugène Beluze vint à Paris pour y faire son droit qu'il poussa jusqu'au doctorat inclusivement. Son père l'accompagna. Il vendit sa charge de notaire pour suivre son fils dans la grande ville, et tous les deux s'installèrent dans la rue Férou, tout près de l'église Saint-Sulpice, dans un hôtel calme et modeste, connu alors sous le nom de *pension Romaine*. Eugène racontait à sa manière l'origine et la signification de ce qualificatif :

« L'hôtesse était une personne fort
« pieuse. Elle avait voulu doter son éta-
« blissement d'un nom en harmonie avec
« ses principes religieux. Hôtel catholique
« lui eut convenu, mais n'était-ce pas trop
« prétentieux ? Hôtel apostolique ? Sans
« doute on y pourrait faire un utile
« apostolat, mais ce titre prêterait aux
« plaisanteries! L'Église étant catholique,
« apostolique et romaine, restait *romaine*.
« Mais l'hôtel de la rue Férou n'avait rien

« qui rappelât la ville éternelle. Cepen-
« dant il devint *pension Romaine,* sans
« doute parce qu'il ne pouvait être qualifié
« ni de catholique, ni d'apostolique. »

Cette façon d'apprécier les choses
nous dépeint déjà le caractère enjoué
d'Eugène Beluze, qui aimait la plaisan-
terie, mais n'y mettait qu'une petite
pointe de malice bien émoussée, de peur
de manquer à la charité.

Dès son arrivée à Paris, grâce à la
famille Perreyve qui l'accueillit comme
un fils, il fut admis dans l'intimité de
Frédéric Ozanam, dont il devint un des
plus fervents admirateurs. Une pléiade
de jeunes gens, ardents pour le bien, et
qui voulaient mettre toutes leurs forces
au service de la vérité religieuse, se
groupaient autour de l'éminent professeur. Ce milieu d'élite exerça la plus

heureuse influence sur Eugène Beluze. Il y prit le goût des œuvres de charité, et y contracta ces habitudes de dévouement que sa piété fortifia plus tard, et qui devinrent la règle et la passion de sa vie. Il s'enrôla bien vite avec quelques-uns de ses plus intimes amis dans la société de Saint-Vincent de Paul, et dès ce moment se consacra aux œuvres de patronage, aux écoles du soir et à toutes les occupations charitables que son zèle lui inspirait. Cela ne l'empêchait point de poursuivre ses études de droit. Il fut un étudiant exemplaire, ne manquant jamais un cours, prenant des notes, faisant des rédactions et cherchant, dans les meilleurs ouvrages, les commentaires des cours auxquels il avait assisté. Il justifiait ainsi cette parole si vraie que nous lui avons entendu répéter plusieurs fois : « Il n'y a que ceux qui travaillent

« qui aient le temps de se consacrer aux
« œuvres de la charité. Les autres n'ont
« ni le temps de travailler, ni le temps
« de faire le bien. »

Ses soirées elles-mêmes n'étaient qu'à
moitié l'heure du repos. Il les passait le
plus souvent à cette époque, au Cercle
catholique de la rue de Grenelle.
M. de Vatimesnil en était le président.
Il y rencontrait des hommes éminents,
qui ont joué un grand rôle dans notre
pays et dont la plupart ont été d'utiles
serviteurs de l'Église et de la France :
le baron Cauchy, Léon Cornudet, Ambroise
Rendu, Augustin Cochin, Ernest Pinard,
Amédée Thayer, Charles Lenormant,
Adolphe Baudon, le comte de Montalembert, le comte de Falloux, Frédéric
Ozanam. La conversation élevée de
pareils hommes devait être un enseignement. Eugène Beluze y trouva de

précieuses leçons et les souvenirs qu'il en conserva, restèrent toujours vivants dans son cœur. « C'est, dit-il dans un « discours du 11 février 1869, c'est au « cercle de la rue de Grenelle que bien « des fois nous avons entendu les grandes « voix du P. Lacordaire et du P. de « Ravignan, et celle aussi non moins « éloquente de ce noble comte de Monta- « lembert, vrai preux de toutes les « grandes et saintes causes. Comme nous « sortions meilleurs de ces grandes assem- « blées qui réunissaient l'élite des catho- « liques de Paris ! Comme nos vingt « ans tressaillaient d'enthousiasme ! Quels « horizons lumineux s'ouvraient devant « nous ! Quels splendides triomphes pour « la religion et la France ! »

La révolution de 1848 ébranla d'abord, et détruisit bientôt le Cercle de la rue de Grenelle. La politique est presque toujours une cause de division. Elle amena la dissolution du cercle. Aussi lorsque, quelques années plus tard, Eugène Beluze eut la pensée de fonder le Cercle catholique du Luxembourg, sa grande œuvre, il eut bien soin d'en bannir la politique et ce fut une des préoccupations constantes de sa direction de ne pas l'y laisser pénétrer.

Les étudiants, en 1848, se mêlaient avec ardeur aux luttes incessantes qui occupaient Paris. Chaque semaine, parfois chaque jour, des manifestations, des réunions publiques, des discussions où les hommes d'ordre essayaient de lutter contre l'esprit révolutionnaire!

Eugène Beluze, doué d'une imagination ardente, animé d'un amour sincère de la liberté, le cœur et l'esprit remplis des illusions de son âge, prit sa part de l'action des catholiques à cette époque. Longtemps il espéra que l'esprit religieux triompherait des violences et des haines soulevées par les révolutionnaires. Il combattit dans la mesure de ses forces. Il était parmi les nombreux étudiants qui allèrent féliciter Montalembert au lendemain de son discours sur le Sunderbund; qui acclamaient le P. Lacordaire au club de la Sorbonne et le reconduisaient en triomphe jusqu'à son humble cellule de l'école des Carmes; qui applaudissaient Berryer haranguant O'Connel.

Il était auprès d'Augustin Cochin à l'amphithéâtre de l'école de médecine, un jour de lutte passionnée, soulevée par l'élection des officiers de la garde nationale. Edgar Quinet se présentait pour se faire élire colonel de la onzième légion; les hommes d'ordre lui opposaient M. Boulay de la Meurthe. Ce fut ce dernier qui l'emporta, grâce à l'admirable éloquence d'Augustin Cochin, qui soutenu par quelques jeunes gens, tint tête à la foule ameutée et parvint à faire triompher le candidat opposé à Edgar Quinet.

Mais ces agitations stériles de la rue, ces discordes civiles devaient bientôt aboutir au coup d'état de 1851. La licence tua la liberté. Elle conduit toujours au despotisme. Nous ne savons quelles furent à cette époque les pensées d'Eugène Beluze. Les hommes qui se sont fait des illusions, qui s'y sont attachés, sont souvent découragés lorsque les faits viennent démentir leurs espérances.

La république de 1848 avait été accueillie favorablement par beaucoup d'hommes de bien, qui y voyaient le juste châtiment de l'usurpation de 1830 et la fin d'un régime notoirement hostile aux idées religieuses. Ils avaient rêvé le triomphe, dans une république honnête, de l'Église et de ces principes qui ont fait la grandeur de la France.

Deux ans après, un grand nombre d'entre eux ne conservaient plus aucun espoir, et sans souci de ses antécédents, acclamaient comme un sauveur le prince qui, pour eux, représentait au moins l'ordre matériel.

Il ne paraît point qu'Eugène Beluze ait partagé le découragement de beaucoup de ses amis, ni les illusions que faisait naître chez quelques-uns d'entre eux l'avènement du nouveau régime. Il fut toujours un ami de la liberté, mais savait bien qu'elle ne peut exister que dans l'ordre. Dégoûté des luttes stériles de la politique, ne voyant point clairement la ligne à suivre sur ce terrain, il chercha pour son activité une voie sûre, estimant qu'il servirait plus utilement son pays en se consacrant exclusivement aux œuvres de charité et à la propagation de ses idées religieuses.

C'est à cette époque, croyons-nous, que se place dans sa vie une tentative d'enseignement qui n'obtint pas grand succès, mais qui ne fut pas sans mérite. Il faisait alors partie de la conférence de Saint-Vincent de Paul de Saint-Nicolas du Chardonnet. Cette conférence tenait ses réunions rue de Pontoise. Le quartier était malsain et n'avait encore été l'objet d'aucune amélioration. Les pauvres secourus habitaient des rues misérables et malpropres qui se nommaient la rue Traversière, la rue du Plâtre Saint-Jacques, la rue d'Arras. Sur dix-sept familles visitées, quatorze furent frappées par l'épidémie cholérique de 1849. Eugène Beluze fut tout de suite subjugué par le spectacle de cette indi-

gence. Il visitait avec une régularité
absolue les familles qui lui étaient con-
fiées, et quand il pouvait manifester une
préférence, il se chargeait plus volontiers
de celles où la misère était plus repous-
sante. C'est en visitant ces quartiers qu'il
comprit l'affreux abandon où vivaient
une foule d'enfants d'ouvriers. Les environs de la place Maubert réunissaient
alors un certain nombre de fabriques
et de manufactures, spécialement des
fabriques de papiers peints, où un nombre
considérable d'enfants étaient employés.
Ces enfants ne recevaient presqu'aucune
instruction, ne fréquentaient aucun catéchisme, ne faisaient pas leur première
Communion. L'idée lui vint de les réunir
après leur journée de travail. Un de ses
amis se joignit à lui et tous les deux
furent demander au curé de la paroisse
de Saint-Nicolas du Chardonnet, l'abbé

Heuqueville, son appui pour ouvrir trois, ou quatre fois par semaine, un cours d'adultes, dans un local voisin de l'église et de l'école des Sœurs. La proposition fut favorablement accueillie et l'on décida que l'on ouvrirait des classes du soir, où l'on enseignerait le catéchisme, la lecture, l'écriture, l'arithmétique et l'histoire de France. Au jour indiqué, les enfants et jeunes gens se présentèrent en foule. Rien n'avait été préparé suffisamment; l'éclairage laissait particulièrement à désirer. Un quinquet fumeux en faisait tous les frais. Dès les premiers mots d'un discours d'ouverture bien senti, l'auditoire s'agite, des plaisanteries se croisent, on entend des cris d'animaux. Le professeur improvisé réclame le silence et ne l'obtient pas. Le gamin de Paris est gouailleur, c'est un feu roulant de lazzis et de propos plus ou moins épicés qu'on entend de tous côtés et, grâce au défaut d'éclairage, l'impunité est assurée. Au bout de quelques instants, le tumulte est complet; un vaurien éteint le quinquet, et, bousculant le maître d'école, les enfants s'élancent dans la rue en faisant un vacarme infernal. Ce fut une scène moitié triste, moitié burlesque que celle de M. Beluze et de ses compagnons se cherchant à tâtons et échangeant, non sans quelque amertume, leurs impressions sur leurs débuts dans la carrière du professorat.

Mais ce ne fut pas tout. Les élèves indisciplinés de la nouvelle école étaient en trop beau chemin pour s'en tenir là, et ils s'en furent chanter jusque sous les fenêtres de l'école des Sœurs, des refrains qui n'avaient rien de très orthodoxe, ni même de très moral. Ce fut un vrai scandale contre lequel le curé protesta dans son prône du dimanche suivant, qualifiant trop sévèrement une tentative imprudente peut-être et mal dirigée, mais inspirée par le zèle du bien.

Eugène Beluze s'empressa de porter au vénérable pasteur ses sincères excuses avec de franches explications. Celui-ci, touché de cette démarche, consentit à laisser ouvrir les classes du soir une seconde fois et dans le même local.

Instruits par l'expérience, on éclaira la salle et l'on n'admit d'abord que quelques élèves en petit nombre, et on ne les inscrivit qu'après enquête. Les bancs furent bien vite remplis cependant. Les professeurs devinrent plus nombreux. Ils étaient pleins d'entrain et de dévoûment; plusieurs apportaient des aptitudes spéciales à leurs nouvelles fonctions. Qu'on en juge : Henri Perreyve faisait le catéchisme, un polytechnicien enseignait l'arithmétique, Eugène Beluze donnait des leçons de grammaire. Parmi les élèves, plusieurs, âgés de quinze ou seize ans, n'avaient pas fait la première Communion. Ils furent l'objet de soins spéciaux et, sous la direction du clergé paroissial, furent préparés à recevoir le sacrement d'Eucharistie. Afin d'exercer sur ces jeunes gens une action plus salutaire et plus prolongée, on essaya de les réunir le dimanche. On les faisait déjeûner, puis on allait se promener avec eux.

Leur nombre devint bientôt assez considérable pour qu'on fût forcé de les faire marcher en rang. Parfois on rencontrait les élèves d'institutions diverses, allant aussi en promenade et ceux qui les conduisaient saluaient Beluze et ses amis comme de véritables collègues. Dieu sait avec quelle solennité le salut était rendu, et quel bon éclat de rire suivait cet acte de politesse confraternelle.

Mais cet embryon de patronage, comme toutes les œuvres de cette nature, amena d'assez grosses dépenses. Un beau jour, malgré la générosité de ceux qui s'en occupaient, l'œuvre des écoles du soir dut constater que sa caisse était vide. On décida de faire un concert de charité. Beluze était un mélomane. En cette qualité et aussi parce qu'il était l'âme de l'œuvre sans avoir voulu en accepter la présidence, ce fut lui qui fut chargé d'organiser ce concert, le premier peut-être de tous ceux dont il eut à s'occuper. Ce fut un vrai succès. Il produisit cinq mille francs. Hélas! toute médaille a son revers.

Parmi les artistes figurait un chanteur comique qui disait très spirituellement les chansons les plus en vogue. L'une d'elles, très inoffensive au fond, contenait nous ne savons plus quelle parole légère. Un des assistants, homme considérable du reste, vint faire après le concert de graves reproches à l'organisateur d'avoir toléré cela. Ce fut la douche d'eau froide qui tomba sur l'enthousiasme du succès. Eugène fut froissé de ces reproches et commença par répondre avec une certaine vivacité, mais, son humilité reprenant bientôt le dessus, il présenta en bons termes sa justification, reconnaissant qu'il avait eu tort de ne pas lire tout ce qui devait être chanté. Son interlocuteur fut vivement touché de cette attitude et depuis lors ne cessa jamais de montrer à Eugène toute l'estime et toute l'affection qu'il avait conçues pour lui.

Ce petit incident avait cependant frappé vivement notre ami et, vingt ou vingt-cinq ans après, quand on lui parlait d'un concert, il recommandait toujours de ne jamais rien laisser dire ou chanter dans les représentations organisées pour des œuvres, sans avoir préalablement exercé une censure sévère, et il ajoutait : « Je sais ce qu'il en coûte. » Nous nous sommes étendus sur cette œuvre parce que c'est la première fondée par lui, ou du moins dans laquelle il eut une part prépondérante.

CHAPITRE DEUXIÈME

FONDATION DU CERCLE DU LUXEMBOURG
MARIAGE D'EUGÈNE BELUZE

C'est en 1851 qu'Eugène Beluze eut l'idée de fonder un cercle catholique d'étudiants. Ce fut sa grande œuvre. Il y consacra tout ce que Dieu lui avait donné d'intelligence et de dévouement. Son but, nettement défini dès le commencement, était d'offrir un lieu de réunion aux jeunes gens chrétiens, qui trouveraient ainsi en se groupant, le moyen de conserver leurs principes religieux et les pratiques de la vie chrétienne. L'échec des tentatives précédentes ne le découragea pas. Il avait vu mourir le Cercle de la rue de Grenelle et le Cercle de l'Estrapade, il eut le courage de faire un nouvel essai, qui cette fois fut couronné de succès. C'était une œuvre de persévérance qu'il entendait faire et non une œuvre de préservation. De trop zélés amis l'ont quelquefois oublié et ont rendu le plus mauvais service à cette institution, en lui adressant des jeunes gens qui n'étaient pas réellement chrétiens, dans l'espérance qu'ils le deviendraient. Les débuts, comme ceux de toutes les grandes œuvres, furent très modestes. Vingt ou vingt-cinq jeunes gens se réunirent dans un petit appartement de la rue Férou. Deux pièces seulement le composaient. Eugène, qui était l'initiateur et l'âme de la fondation, ne voulut pas occuper la première place. Sa constante préoccupation était de s'effacer devant

les autres et de se tenir au second plan.
M. Louis de Beaudicourt fut le premier
président. M. Gréa, aujourd'hui Dom Gréa,
fondateur et supérieur des chanoines régu-
liers établis d'abord à Saint-Claude, puis à
Saint-Antoine en Dauphiné, lui succéda, et
M. Théodule de Beaudicourt fut le troisième
président; mais, pendant les sept années
que durèrent ces différentes présidences,
Eugène Beluze fut le pilier qui soutenait
l'édifice. C'est en 1858 qu'il accepta le titre
de président. Le Cercle avait grandi. De la
rue Férou il avait émigré rue Mézières où il
ne resta pas longtemps, puis rue Cassette où
il fit un long bail. A cette époque il était devenu une grande œuvre et le local qui l'abri-
tait et qui devint plus tard trop petit, contenait de beaux salons. Ils avaient du reste
une certaine histoire, car ils avaient autrefois servi de demeure au consul Lebrun.
L'époque de ce séjour rue Cassette fut

une des plus brillantes du Cercle. Il arriva souvent que les deux grandes salles qui communiquaient entre elles se trouvaient trop petites pour contenir le nombre toujours croissant des membres du Cercle. Il fallut limiter les invitations et restreindre aux seuls membres du Cercle l'accès de ses salons, pour les soirées du dimanche et aux jours de séances solennelles. Cette situation ne pouvait se perpétuer. Malgré des travaux d'aménagement fort coûteux, qui ajoutèrent une salle à celles qui existaient déjà, il devint nécessaire de chercher un autre abri. Depuis longtemps, Eugène Beluze caressait un rêve, celui de mettre le Cercle chez lui, d'avoir un local construit pour le Cercle et aménagé suivant ses besoins. C'était une grosse affaire. M. Beluze père vivait encore et ne l'approuvait point. Eugène n'eût pu, du reste, sans imprudence, la tenter s'il eût été réduit à ses seules forces. Mais la Providence vint à son aide et lui donna pour cette entreprise un collaborateur digne de comprendre cette généreuse pensée, et capable de risquer une somme importante pour sa réalisation.

M. Alban Lambert associa ses efforts à ceux d'Eugène Beluze et de concert ils achetèrent un vaste terrain, situé entre les rues Madame, de Fleurus et Bonaparte prolongée (aujourd'hui rue du Luxembourg).

Un architecte habile, M. Douillard, fut chargé de préparer les plans. On les étudia minutieusement pendant un an, puis on se mit à l'œuvre. Ce fut en 1867 qu'eut lieu l'inauguration du nouveau local du Cercle. L'aménagement a été bien compris. Au rez-de-chaussée, une grande salle comme salle des fêtes, qu'on peut diviser

en trois, au moyen de cloisons mobiles et
dans l'une desquelles sont placés les
journaux. Une vaste salle pour les bil-
lards, qui sont au nombre de trois, et
enfin un fumoir, le tout relié par un vestibule qui sert de salle de pas perdus aux
péripatéticiens qui l'arpentent en tous
sens. Si le rez-de-chaussée est ainsi consacré particulièrement aux distractions et
au plaisir, le premier étage est spécialement réservé aux travailleurs. Une bibliothèque dans une longue galerie qui est
au-dessus du vestibule, deux vastes salles
de travail, plusieurs salles de conférences.... Quelques modifications ont été
faites depuis 1867; deux terrasses ont
été couvertes, l'une pour faire un atelier,
l'autre pour une salle d'escrime, et depuis quelques années un petit oratoire
a été créé attenant à la salle Ozanam,
qui est la grande salle des conférences.

CERCLE CATHOLIQUE DES ÉTUDIANTS DE PARIS
(CERCLE DU LUXEMBOURG)
18, RUE DU LUXEMBOURG, PARIS

PLANS DES LOCAUX

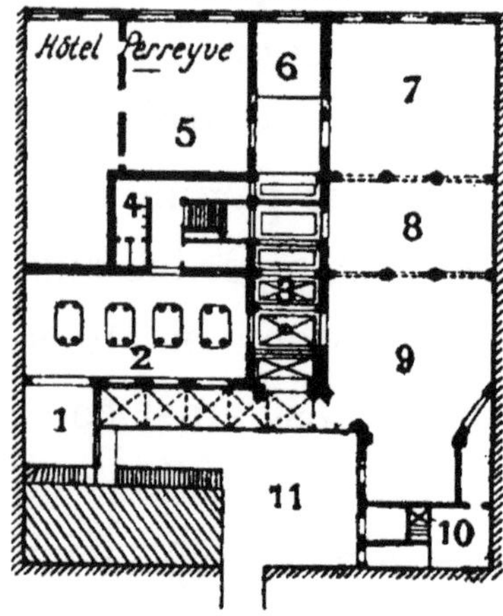

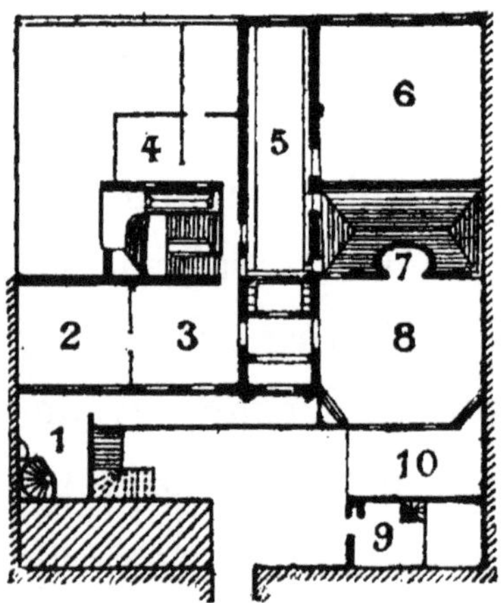

LÉGENDE

REZ-DE-CHAUSSÉE

1. Fumoir.
2. Salle de Billard.
3. Vestibule.
4. W. C.
5. Salle à manger de l'Hôtel.
6. Vestiaire.
7. Salle de Lecture.
8. Salon de Conversation.
9. Salle de Concert.
10. Foyer.
11. Cour.

PREMIER ÉTAGE

1. Salle d'escrime.
2. Salle de Conférence de Médecine.
3. Salle de Conférence de Droit.
4. Logement de M. l'Aumônier.
5. Bibliothèque.
6. Salle de travail.
7. Oratoire.
8. Salle Ozanam.
9. Logement des employés.
10. Atelier.

Un escalier extérieur donne accès au premier étage et permet aux personnes étrangères au Cercle de monter aux salles de conférences sans entrer dans l'intérieur du cercle. Tout cet ensemble, très étudié, forme un vaste local très bien approprié à son but. Aujourd'hui on le trouve un peu étroit et on regrette de ne pouvoir l'agrandir; mais en 1867 on n'avait ni le salon des œuvres, ni les conférences scientifiques et littéraires, ni les trois Conférences de Saint-Vincent de Paul qui y sont en ce moment. L'architecte, pas plus que le bureau du Cercle, et M. Beluze lui-même, moins encore que les autres, n'avaient prévu l'extension que prendraient un jour les œuvres que son ingénieuse activité devait fonder.

En 1853, Eugène Beluze se maria. Il avait souvent demandé à l'abbé

Dauphin[1], le directeur du collège d'Oullins, de lui chercher une compagne chrétienne et bonne comme lui. La Providence, qui rapproche les âmes quand elle veut former une union vraiment sainte, permit à cet excellent prêtre de trouver et d'indiquer à Eugène celle qui, durant trente-quatre ans, a été son épouse dévouée, la confidente de toutes ses généreuses pensées, l'auxiliaire de ses œuvres et qui a partagé toutes ses joies comme aussi les amères douleurs dont ils ont été ensemble abreuvés.

Ce fut le **28** août 1853 que l'abbé Dauphin bénit le mariage d'Eugène Beluze

1. M. Beluze a écrit la vie de Mgr Dauphin, prélat de la Maison du Pape. C'est un volume qui montre bien toute l'affection de l'auteur pour son ancien professeur. On y trouve beaucoup de choses intéressantes, trop de détails peut-être, mais remplis d'intérêt cependant, pour ceux qui ont connu le héros du livre.

avec Mademoiselle Louise Tavernier, fille de M. Tavernier, avocat près la Cour d'Appel d'Aix-en-Provence. Jamais union ne fut mieux assortie. Madame Beluze comprit tout de suite la mission que remplissait son mari et s'en fit l'aide courageuse et dévouée. Il fallut pour cela renoncer à toutes ces distractions mondaines, qui devaient d'autant plus lui plaire, qu'elle avait tout ce qu'il faut pour réussir et briller dans le monde.

La satisfaction intime du cœur, les joies sérieuses de la charité, du dévouement, du bien accompli, lui firent facilement oublier les plaisirs et les succès du monde. Cependant ce dut être un sacrifice, mais elle ne le laissa pas soupçonner.

Dieu fit entrevoir le bonheur du foyer à ce jeune ménage, mais ce ne fut que pour lui faire sentir plus amèrement la

douleur des deuils et des séparations.
Trois enfants naquirent de cette union :
Marguerite, morte en 1859; Marie Jeanne,
en 1867, délicieuse enfant que nous nous
rappelons avec un serrement de cœur,
car elle était la joie de son pauvre père
et sa mort fut pour lui un coup terrible.
Paul, mort à vingt-trois ans, en 1879,
dans tout l'éclat de sa brillante jeunesse,
sans que rien eût pu faire prévoir un
semblable malheur. C'était un jeune
homme intelligent, doué d'éminentes
qualités. Il avait fait de bonnes études
et achevait son droit, après avoir fait
son volontariat. Le pauvre père se sentait
revivre dans son fils. Une terrible maladie
le terrassa et l'enleva en quelques jours.
Il semble que Dieu, en privant notre ami
de ses propres enfants, ait voulu lui
indiquer qu'il devait consacrer, sans en
rien distraire, toutes les forces de sa

vie et de son cœur à sa grande famille adoptive : les étudiants du Cercle, les pauvres de la Société de Saint-Vincent de Paul, les apprentis et les ouvriers de nos patronages.

CHAPITRE TROISIÈME

LE CERCLE DU LUXEMBOURG

Nous avons parlé de la fondation du Cercle, de l'agrandissement successif de ses locaux et du but qu'il poursuivait; il est temps de parler de sa vie intérieure. Une réunion d'étudiants devait former nécessairement un centre de travail et d'études. Presque dès le début, on organisa des conférences de droit et de médecine et une conférence de littérature. Elles étaient déjà très prospères en 1858, au moment où Eugène Beluze prit officiellement la direction du Cercle. La confé-

rence de littérature avait pour président
l'abbé Lavigerie, depuis cardinal archevêque de Carthage et d'Alger et apôtre de
l'Afrique. Les conférences de droit étaient
au nombre de trois et suivies avec assiduité. La conférence de médecine, sous la
direction du docteur Lebaudy, se propo-
sait tout spécialement de préparer les plus
travailleurs de ses membres au concours
de l'internat, et déjà elle obtenait des
succès qui se sont multipliés depuis et
qui ont continué sans interruption jusqu'à
aujourd'hui.

C'est en 1858 que M. Beluze fonda
une conférence de philosophie, sous la
direction de l'abbé Noirot, ce maître
célèbre qui avait formé Ozanam. Mais si
le travail occupait la plus grande place
au Cercle du Luxembourg, les distractions
aussi ne faisaient pas défaut. Les soirées
du dimanche étaient consacrées à la

musique et cette tradition s'est perpétuée pendant près de trente ans. Ce qu'il a fallu de zèle et de courage pour organiser toutes les semaines un petit concert au Cercle, pendant un laps de temps aussi long, cela est difficile à imaginer.

Les membres du Cercle y apportaient, il est vrai, leur concours, mais le plus souvent quelque artiste étranger, des lauréats du Conservatoire, les maîtres de chapelle les plus célèbres de Paris, acceptaient de se faire entendre d'un auditoire toujours sympathique et chaleureux dans ses applaudissements.

D'autres fois, c'était une petite comédie qui remplissait la soirée du dimanche, jouée avec entrain par quelques jeunes membres du cercle. Certains graves personnages, aujourd'hui dans de hautes fonctions publiques, ont débuté sur le modeste théâtre du Cercle, avant de recueillir des applaudissements mérités, devant des assemblées plus sérieuses. On en compterait plus d'un au Parlement.

Un jour, vers 1866, le Cercle eut la primeur d'un délicieux opéra-comique en trois actes : *Le Mort vivant,* dû à la collaboration de deux de ses membres, et composé tout exprès pour le Cercle. Le succès fut énorme et l'on dut multiplier les auditions.

Hélas ! les chefs-d'œuvre s'égarent quelquefois. Après vingt ans et plus, un de ceux qui avaient entendu cette œuvre charmante eut la pensée d'en organiser une reprise. L'auteur des paroles, qui avait occupé depuis de hautes fonctions dans la magistrature, ne put retrouver le texte dans les dossiers criminels de son cabinet d'avocat général, et le maëstro, dont les œuvres musicales se sont mul-

tipliées, ne put remettre la main sur
les notes fugitives de son premier
livret.

Ces soirées se terminaient toujours par
une tasse de thé. C'était un de nos
collègues, déjà d'un certain âge, qui
préparait le thé. Il est aujourd'hui notre
doyen, et la couronne de cheveux blancs
qui ombrage ses quatre-vingts printemps,
montre aux nouveaux venus qu'on ne
quitte plus le Cercle une fois qu'on y a
pris droit de cité. Des membres du Cercle
passaient les plateaux. C'était absolument
une réunion de famille, qui, se renouve-
lant chaque dimanche, contribuait beaucoup à établir des relations entre les
anciens et les nouveaux, et à former cette
union indispensable entre jeunes gens
qui s'associent dans une même pensée et
un même but.

Deux fois par an, un grand concert, laborieusement préparé, était offert, non seulement aux membres du Cercle, mais à leurs familles et aux nombreux amis qui s'intéressaient au succès de l'œuvre. Ces deux concerts avaient un autre but que le plaisir : l'entretien de notre bibliothèque. On plaçait des billets payants et le produit de la soirée servait à acheter quelques ouvrages de droit et de médecine. C'est ainsi que les distractions et le plaisir servaient encore au travail.

En 1858, on inaugura le banquet de la Saint-Pierre, fête patronale du Cercle, qui se célèbre toujours avec la même solennité et le même entrain. C'est le banquet d'adieu avant le départ pour les vacances, et l'on aime à se serrer la main dans des agapes fraternelles, avant de se quitter soit pour quelques mois, soit, hélas! pour toujours, car chaque année un certain nombre d'étudiants, qui ont fini leurs études, vont se fixer en province où les appelle la carrière à laquelle ils se destinent.

Eugène Beluze était à l'affût de tout ce qui pouvait rendre le Cercle attrayant à ceux qui le fréquentaient. Apprenait-il qu'un voyageur célèbre arrivait à Paris, vite il courait lui demander de venir rue Cassette, narrer quelques-unes de ses aventures de voyage. Un poète, un savant, un écrivain occupait-il le public de ses écrits ou de quelque découverte nouvelle, aussitôt Eugène Beluze allait lui demander de venir en entretenir les membres du Cercle. Les hommes les plus illustres ont ainsi passé en visiteurs au Cercle et ont prouvé de nouveau cette chose vieille comme le monde, que les hommes de valeur ont toujours une grande sympathie pour la jeunesse qui veut s'instruire et travailler. Il serait impossible de citer tous les personnages illustres qui ont ainsi honoré de leur présence et de leur sympathie l'œuvre d'Eugène Beluze. La simple nomenclature en serait beaucoup trop longue et de trop nombreux oublis seraient inévitables ; disons cependant que le Cercle du Luxembourg eut un jour l'insigne honneur d'entendre le comte de Montalembert lui lire quelques pages encore inédites de son magnifique ouvrage : *Les Moines d'Occident*.

Parmi ces visiteurs, tous intéressants à des titres divers, il y en avait quelquefois dont la réception au Cercle pouvait causer quelque embarras. Ceux qui y ont assisté, se rappellent certainement la visite que M. Beluze sollicita et obtint de M. de Tonneins, cet avoué d'une petite ville du Midi qui s'était fait proclamer roi d'Araucanie et qui fut chassé de ses États non par une révolution intérieure (ce qui est assez fréquent dans ces parages et ailleurs), mais par une invasion du Chili. Je me rappelle encore l'inquiétude de quelques membres du bureau du Cercle qui craignaient que cette Majesté déchue n'excitât quelques sourires. M. Beluze l'appellerait-il Majesté, Sire, ou Altesse? Lui préparerait-on un trône dans la grande salle du Cercle? L'assemblée était nombreuse et dans l'attente... un peu railleuse. Eugène Beluze se tira d'affaire avec infiniment de tact, et, dans un petit discours où il l'appelait Prince, le pria de nous raconter quelques incidents de sa vie si mouvementée et de nous donner quelques renseignements sur le peuple qu'il avait gouverné. Le roi d'Araucanie répondit aimablement aux questions qu'on lui posait, mais montra un grand ressentiment contre ce peuple barbare du Chili qui l'avait expulsé de son royaume par la force brutale et sans respecter, vis à vis d'un ancien avoué, aucune des formes de la procédure. La soirée fut intéressante et le bon ton qui régnait au Cercle empêcha tout accroc du côté de la politesse.

C'était du reste une des préoccupations constantes chez M. Beluze de maintenir au Cercle ces habitudes de bonne tenue qui caractérisent les gens bien élevés. Les grandes séances, les soirées solennelles étaient toujours l'objet de recommandations spéciales à ce point de vue. Il demandait qu'on se mît *en toilette* dès qu'une réunion pouvait amener au Cercle quelques dames ou quelque dignitaire de l'Église. La formule qui chaque année terminait l'annonce du banquet de la Saint-Pierre : *l'habit n'est pas de rigueur*, était une manière discrète de dire à certains étudiants qu'ils ne devaient pas oublier, dans cette circonstance, qu'un dîner de corps, présidé par un personnage en vue, n'est pas un pique-nique où l'on vient en veston.

Il estimait à juste titre que les formes extérieures font partie du bon ton et sont un accompagnement obligé de la véritable distinction. Il avait même sur ce point des délicatesses que quelques-uns trouvaient exagérées. C'est ainsi que le cigare et l'inoffensive cigarette étaient relégués au fumoir et n'avaient point permission d'en sortir. Quant à la pipe!!! *proh pudor!* c'est à grande peine qu'elle obtint son droit à l'existence, même dans le petit coin réservé aux fumeurs.

Ce furent sans doute les visites de

voyageurs et d'explorateurs célèbres, les séances académiques, dont nous venons de parler, qui lui donnèrent la pensée des conférences publiques, qui se font deux fois par semaine au Cercle pendant l'hiver et le printemps. Vaste organisation encore que celle-ci et qui complète bien au Cercle la vie d'études. C'est une sorte d'enseignement supérieur sur des sujets qui ne sont point traités dans les programmes des écoles.

Ce qu'il a fallu et ce qu'il faut encore de démarches pour arriver à remplir les cadres de ces séances instructives, est véritablement prodigieux, et plus nous avancerons dans la vie d'Eugène Beluze, plus nous nous demanderons comment il résolvait ce problème de suffire à tout ce qu'il organisait. Nous pouvons donner une idée de ces conférences scientifiques et littéraires en indiquant quel fut le programme de l'année 1886-87, la dernière dont il forma les cadres et dont les séances n'étaient point épuisées lorsqu'il mourut le 17 mars.

CONFÉRENCES

SCIENTIFIQUES ET LITTÉRAIRES

FAITES AU CERCLE CATHOLIQUE DU LUXEMBOURG

Pendant l'année 1886-1887

1886

Lundi 13 déc. — *Le Capital moral*, par M. Antonin Rondelet, professeur honoraire de Faculté.

Vendredi 17 déc. — *Paris monumental*, par M. Gaston Coindre, artiste graveur.

Lundi 20 déc. — *Poètes et écrivains lyonnais : Victor de Laprade, d'après le récent ouvrage de M. l'abbé Condamin*, par M. l'abbé Vanel, du clergé de Saint-Joseph.

2*

Jeudi 23 déc. — *Les Progrès de l'anthropologie et les vérités révélées,* par M. le marquis de Nadaillac, membre de l'Institut.

1887

Vendredi 7 janv. — *Poètes et écrivains lyonnais : Mgr Dauphin, d'après le récent ouvrage de M. Eugène Beluze,* par M. l'abbé Vanel.

Lundi 10 janv. — *Le Socialisme contemporain.— La mine aux mineurs. — L'usine à l'ouvrier. — La terre au paysan,* par M. Hubert-Valleroux, avocat à la Cour d'appel de Paris.

Mercredi 12 janv. — *Du Sentiment religieux dans les ouvrages de M. Ch. Gounod,* par M. Michelot, maître de chapelle à N.-D. des Champs.

Vendredi 14 janv. — *Les Enfants mal élevés,* par M. Fernand Nicolaÿ, avocat à la Cour d'appel de Paris.

Lundi 17 janv.— *Les Pensées de l'abbé Roux, ouvrage couronné par l'Institut,* par M. l'abbé Gard, ancien professeur de rhéthorique au petit séminaire de Paris.

Vendredi 21 janv. — *Berryer : sa vie judiciaire,* par M. Jules Cauvière, ancien magistrat, professeur de droit à l'Institut catholique de Paris.

Lundi 24 janv. — *Le Canada, souvenirs de voyage,* par M. de la Brière, publiciste.

Vendredi 28 janv. — *Mémoires inédits sur les massacres de Septembre, la Terreur et le Directoire, de Mgr de Salamon, conseiller clerc au Parlement et Internonce à Paris, sous la Révolution,* par M. l'abbé Bridier, professeur de rhétorique au petit séminaire de Paris.

Lundi 31 janv. — *La Russie et la Chine, études et souvenirs d'un voyageur,* par M. Wilbois.

Vendredi 4 févr. — *M. de Talleyrand sous la Restauration et le gouvernement de Juillet,* par M. René des Portes, avocat à la Cour d'appel de Paris et publiciste.

Lundi 7 févr. — *Les Voyages scolaires de l'école d'Arcueil : La Grande Chartreuse et son massif, avec projections de vues inédites à la lumière oxhydrique,* par M. l'abbé Barral.

Vendredi 11 févr. — *Le Maroc contemporain, souvenirs d'un récent voyage,* par M. L. de Campou, ingénieur des arts et manufactures.

Lundi 14 févr. — *Opinion d'un artiste sur l'art, compte-rendu d'un récent ouvrage de M. Louis Janmot, artiste peintre,* par M. Antonin Rondelet, professeur honoraire de Faculté.

Vendredi 18 févr. — *Une traduction nouvelle des saints Évangiles,* par M. Henri Lasserre.

Samedi 19 févr. — *Un Hôpital au XVIIᵉ siècle. — Fondation, organisation et histoire de l'hôpital des Incurables, sur le chemin qui mène à Sèvres,* par M. l'abbé Bony, aumônier de l'hôpital Laënnec.

Vendredi 25 févr. — *Les Voyages scolaires de l'école d'Arcueil. — Le lac de Côme. — La Valteline. — L'Ortler et le Stelvio, avec projections à la lumière oxhydrique,* par M. l'abbé Barral.

Lundi 28 févr. — *L'Irlande contemporaine, souvenirs d'un récent voyage,* par M. Auguste Geoffroy, publiciste.

Vendredi 4 mars. — *La Morale sans Dieu et sans l'idée du devoir. — Essais contemporains,* par Mgr Jude de Kernaëret, de l'Université catholique d'Angers.

Lundi 7 mars. — *Une victime du vandalisme révolutionnaire : frère André, de l'ordre de Saint-Dominique, artiste peintre,* par M. Victor Pierre, avocat à la Cour d'appel de Paris.

Vendredi 11 mars. — *Les Mémoires d'un romancier russe (comte Tolstoï),* par M. Salomon, avocat à la Cour d'appel de Paris.

Lundi 14 mars. — *Un Poète autrichien : Maurice Hartman,* par M. R. Godefroy.

Lundi 21 mars. — *Les Poëmes de M. Leconte de Lisle,* par le R. P. Paul Lallemand, de l'Oratoire.

Vendredi 25 mars. — *Pensées inédites de M. de Bonald,* par M. J. M. de Bonnefon (Jean le Viel).

Lundi 28 mars. — *Les grandes Voies commerciales de la France,* par M. le comte de Bizemont, ancien capitaine de frégate.

Vendredi 1er avril. — *Les Volontaires de 1792 et l'ancienne armée royale,* par M. Hubert-Valleroux.

Lundi-Saint 4 avril. — *Jérusalem et les Lieux Saints. — Bethléem et Nazareth. Nombreuses projections à la lumière oxhydrique,* par Mme Émile Chevé.

Mercredi-Saint 6 avril. — *Jérusalem et la Voie Douloureuse, projections à la lumière oxhydrique,* par Mme Émile Chevé.

Mardi 12 avril.— *Les Lycées de jeunes filles en Russie et les origines du nihilisme,* par M. Paul Douhaire.

Vendredi 15 avril. — *La Crémation en France,* par M. Gaston de Bellaigue.

Lundi 18 avril. — *L'état du catholicisme au moment de l'apparition de la Réforme, d'après le Dr J. Janssen,* par M. l'abbé Bony.

Vendredi 22 avril. — *Les Romans de la Table-Ronde et la légende du Saint-Graal dans les épopées du Moyen Age,* par M. l'abbé Richard, licencié ès lettres, vicaire à Saint-Étienne du Mont.

Lundi 25 avril. — *Jeanne d'Arc, d'après la nouvelle édition de Guido Goërres,* par M. Ernest Faligan, licencié ès lettres.

Vendredi 29 avril. — *Le cardinal de Bonnechose. A propos de sa vie et de ses œuvres, par Mgr Besson,* par M. l'abbé Bony.

Si intéressante que fût et que soit toujours la vie intérieure du Cercle, il est chaque année une époque où le charme de ses salons ne suffit pas à y maintenir des jeunes gens. Quant aux glaces de l'hiver succède le grand soleil de mai, le sang circule plus vite dans les veines et la jeunesse a le désir de s'épandre au dehors et de respirer l'air pur des champs et des bois. Ce fut pour répondre à ce besoin que M. Beluze, dès 1859, organisa des excursions aux environs de Paris. Compiègne, Pierrefonds, Maintenon, la vallée de Chevreuse, Dampierre, Montlhéry, Notre-Dame de Longpont, Chartres, Fontainebleau, Chantilly ont été plusieurs fois le but de promenades charmantes, dont l'organisation était parfois difficile, mais qui ont laissé d'ineffaçables souvenirs dans l'esprit de ceux qui les ont faites avec lui. Autant que faire se pouvait, ces promenades prenaient le caractère de pèlerinage. On partait par le premier train afin de pouvoir entendre la messe en arrivant, et toujours un certain nombre des promeneurs commençaient leur journée en s'approchant de la Sainte Table. Eugène Beluze n'y manquait jamais, donnant ainsi l'exemple aux jeunes gens qui l'accompagnaient.

Mais revenons à la vie d'étude. La conférence de littérature a droit à une mention spéciale. En 1861, elle se plaça sous le vocable d'Ozanam. Ce nom était bien choisi, car Ozanam fut un orateur remarquable, un incomparable écrivain et un catholique militant. Sous ce nom elle a brillé d'un vif éclat. François Beslay, qui la présidait à cette date, lui donna une admirable impulsion et en fit la réunion littéraire de jeunes gens, la plus brillante de celles déjà si nombreuses qui existaient à Paris. C'est lui qui lui donna sa forme particulière et en forma en quelque sorte les traditions. On y faisait de grands discours. Ce n'était point une de ces *parlottes* qui pullulent où l'on s'exerce à parler sans savoir ce que l'on va dire, où les étudiants en droit viennent préluder à leur future carrière d'avocats en débitant, au milieu du bruit, quelques phrases improvisées sur un sujet donné. Les questions étaient étudiées, approfondies, traitées sur toutes leurs faces. Les orateurs étaient toujours assurés d'être écoutés avec attention. A peine quelques interruptions, toujours formulées du reste d'une manière sérieuse et amenées par le discours lui-même! Les séances avaient une durée de deux heures et demie ou trois heures et il était bien rare qu'on entendît plus de trois ou quatre discours à chacune d'elles. Il paraît qu'il y eut même des abus de fécondité dans l'éloquence, car l'on introduisit après coup dans le règlement un article qui limitait à trois quarts d'heure la durée des discours. Il faut, il est vrai, ajouter qu'à partir de ce jour le président, d'accord avec la conférence, usait d'une large tolérance et arrêtait volontiers les aiguilles de sa montre, lorsque l'orateur savait captiver l'attention de ses auditeurs.

Il arrivait souvent alors que le vaste salon de la rue Cassette était trop petit et que vingt ou trente étudiants se tenaient debout, massés dans la salle voisine, dont on avait ouvert les portes à deux battants. La Conférence Ozanam brillait d'une splendeur qui rejaillissait sur le Cercle tout entier. Des jeunes gens qui

ne faisaient point partie du Cercle solli-
citaient l'honneur d'être admis à la
Conférence Ozanam; plusieurs obtinrent
cette faveur. Elle eut même trop d'éclat!
On parlait au dehors, dans le quartier
latin, dans les tables d'hôte où man-
geaient les étudiants, de ces discussions
animées, pleines de verve et de talent,
qui faisaient sa réputation.

Malgré tout le soin qu'on mettait à
écarter la politique militante, ces discours excitèrent la susceptibilité (facile à
émouvoir), de la police impériale. Nous
eûmes l'ennui, j'allais dire l'honneur,
d'une surveillance toute particulière, qui
fut souvent plus zélée qu'intelligente. Un
jour qu'on discutait, je crois, l'influence
sur la littérature, de la protection que
Louis XIV avait accordée aux lettres,
un des orateurs soutenait à la tribune
que la protection du grand roi n'avait

été qu'une entrave à la liberté des
auteurs et à l'essor de leur génie. Tout
à coup, un des auditeurs lance du fond
de la salle une interruption qu'il ne
croyait pas bien séditieuse : *Mais
aujourd'hui est-ce que nous sommes
libres?* Le lendemain matin, M. Beluze
recevait l'invitation de se présenter à
la préfecture de police, où on lui cita
textuellement la phrase séditieuse prononcée la veille, en lui disant que, si
de pareilles attaques se produisaient
contre le gouvernement, la Conférence
Ozanam et le Cercle devraient disparaître.
Peut-être la préfecture avait-elle voulu
répondre à l'interrupteur et lui montrer,
spirituellement, dans quelles limites
de liberté on pouvait se mouvoir sous
l'Empire. Ces mesquines et stupides
tracasseries se renouvelèrent plusieurs
fois et l'on se demanda un jour s'il

ne serait pas opportun de sacrifier la Conférence Ozanam pour sauvegarder l'existence même du Cercle. Heureusement qu'on n'en fit rien, mais M. Beluze, d'accord avec le bureau du Cercle, dut prendre des mesures énergiques pour interdire tout ce qui, de près ou de loin, pouvait exciter la susceptibilité du gouvernement d'alors. Le Cercle du reste gagna quelque chose à cette surveillance. On comprit que des jeunes gens, venus de tous les points de la France, unis seulement dans leurs opinions par la conformité de leurs croyances religieuses, ne pouvait former un groupe politique. Toutes les opinions y avaient des représentants, et, si la politique y était entrée, le Cercle, au lieu d'être une réunion d'amis, serait devenu un champ de bataille. Si des agents subalternes n'avaient pu comprendre cette situation,

on la saisit parfaitement dans une sphère
plus élevée.

De nombreux orateurs se sont formés
à cette modeste tribune de la Conférence
Ozanam. Plusieurs jouissent aujourd'hui
d'une grande notoriété, quelques-uns
même d'une véritable célébrité dans la
chaire, dans le barreau, dans la magistrature, dans le professorat et aussi à
la Chambre des députés.

J'extrais des archives de la Conférence,
l'indication des questions étudiées dans
l'année scolaire 1886-87, la dernière
dont M. Beluze fut témoin :

QUESTIONS ÉTUDIÉES

Pendant l'année 1886-1887

1° La Crise Irlandaise. — Rapporteur : M. R. Godefroy.

2° Quel est de nos trois grands poètes : V. Hugo, A. de Musset, Lamartine, celui que les siècles à venir placeront le plus haut ? — Rapporteur : M. Scarpatett.

3° L'influence des Juifs a-t-elle été au moyen âge et est-elle de nos jours aussi prépondérante que le prétend M. Drumont dans son livre : *La France juive?* — Rapporteur : M. J. Imbart-Latour.

4° Comparer les systèmes d'éducation aux XVe, XVIe, XVIIIe siècles. — Rapporteur : M. Cornilus.

5° Quel doit être sur Mirabeau le jugement de l'histoire? — Rapporteur : M. E. Peyralbe.

6° Est-il désirable de voir disparaître ou se maintenir les diverses langues provinciales de la France? — Rapporteur : M. Charles Astoul.

————✳————

ANNALES DE LA CONFÉRENCE OZANAM

PRÉSIDENT DE LA CONFÉRENCE	PRÉSIDENT DE LA SÉANCE SOLENNELLE	RAPPORTEUR
MM.	MM.	MM.
1861 F. Beslay.	R. P. Gratry, de l'Académie française.	F. Fabrège.
1862 Abbé Perreyve.	S. E. le Cardinal Morlot, archevêque de Paris.	
1863 De Cardaillac.	E. Bonnier, professeur à la faculté de droit.	J. Raulin.
1864 De Franqueville.	Abbé Hugonin, directeur de l'école des Carmes.	Cte Roger de Beaufort.
1865 De Franqueville.	A. Cochin, membre de l'Institut.	Georges Nivet.
1866 Comte Roger de Beaufort.	R. P. de Damas, de la Comp. de Jésus.	Charles Jacquier.
1867 Paul Besson.	César Cantu.	Pierre de La Gorce.
1868 Paul Besson.	Mgr Lavigerie évêque de Nancy.	Georges Nivet.
1869 Paul Besson.	Duc A. de Broglie, de l'Académie française, ancien ministre.	Arnold Mascarel.
1870 Paul Besson.	Antonin Rondelet, professeur à la faculté des lettres.	Babaud Monvallier.

PRÉSIDENT DE LA CONFÉRENCE	PRÉSIDENT DE LA SÉANCE SOLENNELLE	RAPPORTEUR
MM.	MM.	MM.
1872 Barthél. Terrat.	Lucien Brun, député.	Rougé de Chalonge.
1873 R. P. Dulong de Rosnay.	Comte Fr. de Champagny de l'Académie française.	Henry Alpy.
1874 R. P. Dulong de Rosnay.	Chesnelong, député.	Henri Conétoux.
1875 R. P. Dulong de Rosnay.	Mgr Dupanloup, de l'Académie française.	Paul Sévène.
1876 R. P. Dulong de Rosnay.	Georges de Belcastel, député.	Émilien Combier.
1877 Barthél. Terrat.	Léon Gauthier, professeur à l'école des Chartes.	Félix Bonnet.
1878 Félix Bonnet.	Abbé Méric, professeur à la Sorbonne.	Georges Holleaux.
1879 Christian de Coulonge.	Merveilleux du Vignaux, ancien avocat général, ancien député, professeur à l'Institut catholique.	Cte de Las Cases.
1880 Christian de Coulonge.	Camille Rousset, de l'Académie française.	Alphonse Deville.
1881 Christian de Coulonge.	A. Paris, sénateur, ancien ministre.	Maurice Roger.

PRÉSIDENT DE LA CONFÉRENCE	PRÉSIDENT DE LA SÉANCE SOLENNELLE	RAPPORTEUR
MM.	MM.	MM.
1882 Christian de Coulonge.	Baron de Ravignan, sénateur.	François Le Hénaff.
1883 Christian de Coulonge.	Baron de Mackau. député.	L. Normand.
1884 Christian de Coulonge.	Albert de Lapparent. ancien ingén. des mines. professeur à l'Institut catholique.	A. Ménard.
1885 Christian de Coulonge.	Mgr d'Hulst. vicaire général de Paris, Recteur de l'Institut catholique.	A. Prénat.
1886 Christian de Coulonge.	Gustave de Lamarzelle. député du Morbihan.	S. Danion.
1887 Christian de Coulonge.	Paul Lerolle, cons. municip. de Paris.	Al. Guasco.

La Conférence Ozanam a été un des
joyaux du Cercle et méritait une mention
spéciale, mais elle n'était qu'un des
moyens d'attraction et d'études orga-
nisés dans cette grande œuvre d'Eugène

Beluze, laquelle, pendant trente ans, a fonctionné, presque sans changement, sous son intelligente direction. C'est que, dès 1858 ou 1859, l'œuvre réalisait déjà complètement son programme : Attirer les jeunes gens chrétiens et les maintenir dans la vie chrétienne par le travail, les plaisirs honnêtes et les œuvres de charité.

CHAPITRE QUATRIÈME

De toutes les préoccupations que causait à Eugène Beluze la direction du Cercle, la plus constante fut certainement d'y maintenir l'esprit de foi et de piété. Pour atteindre ce but, il s'efforçait de diriger les étudiants du côté des œuvres qui pouvaient stimuler leur zèle :

La foi qui n'agit pas, est-ce une foi sincère? Mais il savait quelles diffi-

cultés on rencontre lorsqu'on veut exercer
une influence sur des étudiants : « Les
« jeunes gens, disait-il, sont extrèmement
« jaloux de leur indépendance et il faut
« la respecter absolument si l'on veut
« exercer une action quelconque sur eux. »
Il faut un grand tact pour savoir faire
accepter un conseil sans exercer une
pression. Il y excellait. Son extrême
bonté, cette loyale franchise qui perçait
dans son regard, séduisaient tout d'abord
et son influence ne tardait pas à s'établir,
d'autant plus qu'il n'en usait qu'avec une
grande discrétion. L'avenir moral d'un
jeune homme qui arrive à Paris dépend
très souvent de la première impulsion
qu'il reçoit. Aussi recommandait-il sans
cesse le bon accueil aux nouveaux. « Que
« les anciens, disait-il, se souviennent de
« quel poids leur pesaient leur isolement
« au début, et les douloureuses incerti-

« tudes de leur premier séjour à Paris,
« et qu'ils tendent la main à leurs nou-
« veaux amis pour les leur épargner. »

Persuadé que la pratique des œuvres
de charité est le meilleur moyen pour
un jeune homme de conserver ses mœurs,
il voulait que, dès leur arrivée, on les
enrôlât dans la Société de Saint-Vincent
de Paul et dans les patronages. Pour
cela il ne faut perdre ni un jour, ni une
heure.

Si vous laissez un jeune homme pendant un mois en dehors des œuvres, il
se sera bien vite créé des occupations,
des habitudes, des relations qui ne lui
permettront plus d'entrer dans la vie
active de la charité, sa principale sauvegarde cependant contre les dangers si
multipliés de la grande ville. Aussi cher-
chait-il des recruteurs dans chacune des
tables d'hôte fréquentées par les membres

du Cercle, dans chacun des hôtels recommandés. Le Cercle, du reste, était à ses yeux le champ fécond, où toutes les œuvres de Paris devaient essayer de cueillir une moisson, je veux dire des collaborateurs. Ce fut même cette pensée qui l'empêcha pendant longtemps d'organiser au Cercle des œuvres particulières, de peur qu'elles ne fussent un obstacle au recrutement des autres.

Chacun pouvait ainsi se diriger du côté où le poussait son zèle et cette diversité dans l'action n'était pas sans avantage, car on se retrouvait ensuite et chacun pouvait faire part aux autres des observations qu'il avait faites, ou des méthodes qu'il avait vu employer. L'une des époques les plus brillantes du Cercle, celle où la vie paraissait la plus active, fut certainement le moment où le plus grand nombre de ses membres étaient enrôlés dans tous les patronages de Paris. En 1864-65-66, les patronages d'apprentis de Sainte-Anne, Saint-Charles, Nazareth, Notre-Dame de Grâces, Sainte-Mélanie, Sainte-Rosalie avaient à leur tête de nombreux membres du Cercle, et les plus dévoués étaient ceux qui donnaient en même temps au Cercle la part la plus complète de leurs loisirs. Après avoir usé de toute son influence personnelle, mais dans la mesure que nous avons dite, pour diriger les nouveaux du côté des conférences et des patronages, Eugène Beluze s'efforçait encore de conquérir les retardataires en faisant faire à l'une des soirées du dimanche, une conférence intéressante sur la nécessité, pour la jeunesse des écoles, de s'occuper de la propagande catholique parmi les ouvriers.

Pour réaliser cette pensée, il avait

trouvé un excellent auxiliaire dans la personne de François Beslay. La parole chaude et en même temps si élégante de ce jeune orateur, enlevé si tôt, hélas! aux œuvres et à la presse catholique, avait le privilège de séduire les jeunes gens. C'était à la fin du mois de novembre ou au commencement de décembre que M. Beslay venait chaque année faire entendre un chaleureux appel en faveur des conférences et des patronages. Jamais il ne le fit sans succès. Il était du reste sur son terrain en traitant un pareil sujet, car, avant d'être absorbé par le travail incessant qu'exige la direction d'un journal, il avait été président d'une conférence de Saint-Vincent de Paul et s'était occupé de beaucoup d'autres œuvres. Sans doute son éloquence entraînante était la cause principale des résultats qu'il obtenait, mais M. Beluze le secondait de tous ses efforts. Pendant la semaine qui suivait cette réunion, il ne rencontrait pas un membre du Cercle sans lui poser cette question : « Est-ce que vous avez entendu M. Beslay, dimanche dernier? » et quand la réponse était affirmative, il ajoutait : « Eh bien! avez-vous fait votre choix? Dans quelle conférence entrez-vous? Quel est votre patronage? »

C'était vers les faubourgs les plus éloignés qu'il dirigeait le plus volontiers les jeunes gens qui lui demandaient conseil. La distance ne doit pas effrayer des jambes de vingt ans, et c'est dans les faubourgs que la misère est le plus intense. Plus tard il montra par son propre exemple ce que l'on pouvait faire sous ce rapport. Son fils Paul faisait partie d'une œuvre de charité, qui, suivant l'exemple de la Société de Saint-

Vincent de Paul, porte aux pauvres des secours à domicile. C'était à Belleville que Paul Beluze exerçait ainsi la charité. Quand le pauvre enfant mourut, son père ne voulut pas que ses familles fussent abandonnées et, par un pieux souvenir de son fils, il s'en chargea lui-même. C'était en 1879. Déjà l'âge faisait sentir ses lourdes atteintes, il était accablé sous le poids de son deuil et sa santé chancelait sous les rudes coups qui l'avaient frappé. Rien ne l'arrêta, et, jusqu'à la fin de sa vie, il s'imposa la charitable mission d'aller au moins deux fois par mois porter quelques bons de pain aux familles que son fils avait secourues. C'était un legs, disait-il, et la distance de la rue Madame à Belleville ne fut pas pour lui un obstacle.

Lorsque toutes les œuvres avaient bien fait leur recrutement dans le Cercle, alors,

mais alors seulement, il songeait à la conférence de Saint-Dominique des Carmes
dont il était président et plus tard à celle
de Notre-Dame du Cercle. L'esprit du
Cercle était tel, qu'il trouvait encore à
glaner des collaborateurs après la moisson faite par les autres œuvres.

En 1862 le Cercle était très nombreux.
Près de trois cents membres actifs étaient
inscrits sur ses listes[1]. Depuis longtemps
Eugène Beluze se préoccupait des besoins
spirituels de ces jeunes gens. Sans doute
le plus grand nombre savaient y pourvoir
et allaient d'eux-mêmes chercher une
direction religieuse, soit à la paroisse,
soit chez les Jésuites, soit encore chez
les Dominicains ou les Maristes, mais

1. Exactement 298. Liste publiée en janvier 1863.
— Aujourd'hui (août 1893) le chiffre des membres
actifs du Cercle est de 474.

un certain nombre, surtout au commencement de l'année, arrivant de province
dans ce grand Paris inconnu, hésitaient,
ne savaient à quelle porte frapper et
quelquefois attendaient plus que de raison avant de fixer leur choix au point
de vue de leur direction spirituelle. N'y
aurait-il pas moyen d'organiser quelque
chose, de provoquer un enseignement
d'instruction religieuse spécial aux étudiants, fait pour eux, et approprié à leurs
besoins spirituels ?

Après avoir longtemps médité cette
idée et s'en être entretenu avec M. l'abbé
de la Foulhouse, jeune prêtre de Saint-
Sulpice qui s'occupait beaucoup des
jeunes gens de la paroisse, Eugène
Beluze s'ouvrit de ses préoccupations
au vénérable curé de Saint-Sulpice,
M. Hamon. Celui-ci accueillit favorablement ces ouvertures. Il était naturel que

la paroisse Saint-Sulpice, sur laquelle habite un si grand nombre d'étudiants, se préoccupât spécialement de leur direction religieuse. Ceci se passait en 1862. M. Hamon laissa entrevoir dès cette époque l'approbation qu'il donnerait plus tard.

Dès ce moment, M. Beluze ne négligea rien pour faire réussir le projet. Lorsqu'il avait mûri une idée dans le silence et la prière, il ne l'abandonnait plus. Sa pensée et ses espérances se confondaient entièrement du reste avec celles de l'abbé de la Foulhouse. Aux objections multiples qu'on leur présentait, ils trouvaient facilement des réponses irréfutables.

Cette œuvre nouvelle ne ferait point concurrence à celles analogues qui existaient déjà, elle ne ferait que les compléter en s'adressant aux jeunes gens qui n'en faisaient point partie. Les jeunes

gens qui étaient membres de la Congrégation des Pères Jésuites continue-
raient à suivre leurs réunions. Le petit
groupe qui suivait les exercices religieux
de la chapelle des Carmes, rue de
Vaugirard, desservie alors par les Dominicains, n'en serait point détourné.
Ce qu'ils voulaient, c'était un nouveau
centre religieux pour tous ceux des étudiants qui n'en avaient pas. La paroisse
était naturellement ce centre et c'est là
qu'ils voulaient le placer. Quant à l'enseignement spécial que l'on voulait pour
des jeunes gens instruits, en quoi cette
idée pouvait-elle paraître extraordinaire?
N'était-ce pas à la prière de pieux laïques
qu'un archevêque de Paris avait organisé
à Notre-Dame, pendant le Carême, ces
magnifiques conférences qui attiraient et
attirent toujours un si nombreux auditoire? Rien n'était plus facile que de faire

des offices particuliers dans une des chapelles fermées que possède Saint-Sulpice. L'on pensa d'abord à la chapelle du Péristyle qui se trouve au rez-de-chaussée, à droite de l'église et qui ouvre sur la chapelle des Saints-Anges, mais ce projet fut vite abandonné, et l'on adopta un vaste local situé au-dessus du porche de l'église et qui depuis ce temps est devenue une chapelle, sous le vocable de Notre-Dame des Étudiants.

La Providence, qui sait pourvoir à l'heure voulue aux besoins des œuvres qu'elle bénit, avait suscité dans l'abbé de la Foulhouze, l'homme qui convenait pour organiser l'œuvre si nécessaire au Cercle et tant désirée par Eugène Beluze.

M. de la Foulhouze avait tout ce qu'il fallait pour séduire les jeunes gens. De manières distinguées, rempli d'entrain, aimable et affable sans être familier, doué d'un zèle ardent, il devait réussir dans la mission que M. Hamon, curé de Saint-Sulpice, lui confia. Avec la permission de ses supérieurs, il accepta le titre de membre du Cercle et en fréquenta assidûment les réunions. Ses débuts ne furent pas sans difficultés. Il fallait faire connaissance avec des jeunes gens, discerner ceux auxquels il pouvait rendre d'utiles services, attirer à lui sans paraître s'imposer. L'abbé de la Foulhouze fit tout cela avec un tact qui du reste lui était naturel, mais aussi avec une sûreté de jugement qui dénotait une expérience peu commune. Il avait un mérite très rare chez les gens occupés, celui de savoir perdre son temps à attendre quand cela était nécessaire au but qu'il poursuivait. Que de fois ne l'avons-nous pas vu au Cercle, errant d'une salle dans l'autre, cherchant à lier quelque conversation utile avec des membres du Cercle qu'il ne connaissait point et dont cependant il fallait qu'il fît d'abord la connaissance, s'il voulait arriver à exercer sur eux quelque influence!

Ce fut en 1863 qu'on inaugura la chapelle de Notre-Dame des Étudiants dans les tours de Saint-Sulpice. Elle peut contenir un nombre considérable de fidèles et remplissait admirablement, au point de vue du local, le but qu'on désirait atteindre, mais tout y était à faire. Il fallait l'orner, la meubler, y mettre des chaises, se procurer tout ce qui est nécessaire au culte. Ce fut l'abbé de la Foulhouze qui se chargea de tous ces détails.

Il y fut puissamment aidé par quelques

étudiants doués de connaissances véritablement artistiques ; une statue de la Sainte Vierge due au ciseau d'un artiste chrétien, M. Bonnassieux, membre de l'Institut, fut placée sur l'autel. Un petit orgue qui avait appartenu à l'infortunée Marie-Antoinette fut placé au bas de la chapelle. Tout cela ne se fit pas en un jour, ni sans de grosses difficultés. La bourse d'Eugène Beluze contribua dans une large mesure aux dépenses de cette installation. Lorsque tout fut préparé, le curé de Saint-Sulpice désigna M. l'abbé Gramidon, aujourd'hui premier vicaire de la paroisse, pour faire aux étudiants des conférences religieuses qui eurent un grand succès.

Si l'abbé de la Foulhouze et M. Beluze eurent la plus grande part à la fondation et à l'organisation de l'œuvre, ce fut M. Gramidon qui en créa l'enseignement religieux et lui imprima le caractère particulier qu'il a conservé jusqu'à aujourd'hui. Quant à l'auditoire, ce fut le Cercle qui, à l'origine, le fournit principalement. Eugène Beluze donnait l'exemple et la chapelle de Notre-Dame des Étudiants n'eut pas de fidèle plus assidu que lui. Jusqu'aux derniers temps de sa vie, alors qu'une maladie de cœur lui rendait extrêmement pénible l'ascension des quatre-vingt-dix marches qu'il faut gravir pour monter à la chapelle, il continua de s'y rendre tous les dimanches. Il regardait sa présence à cette messe comme un devoir et rien ne put l'empêcher de l'accomplir jusqu'au bout.

L'abbé de la Foulhouze fut en réalité le premier aumônier du Cercle, encore, croyons-nous, qu'il n'en ait jamais pris le titre. De 1863 à 1870, son action y fut considérable quoique son service à

la paroisse entravât quelquefois sa liberté
et ne lui laissât pas tout le temps qu'il
eût désiré pour s'occuper du Cercle. La
mort le frappa peu de temps après le
siège de Paris et la Commune, à un
moment où il aurait été bien utile encore
à la jeunesse catholique, pour renouer les
traditions interrompues par l'année de
nos désastres. Notre-Dame des Étudiants
a continué ses réunions et ses conférences, qui attirent toujours un public
d'élite où la jeunesse domine, mais au
Cercle personne alors ne put remplacer
l'abbé de la Foulhouze.

Pendant de longues années, M. Beluze
continua de s'adresser à la paroisse
pour obtenir un aumônier. Des essais, des tentatives furent faites, dont
quelques-unes ont laissé un excellent
souvenir dans l'esprit des membres du

Cercle[1], mais un jour M. Beluze dut s'avouer et reconnaître que pour une œuvre aussi importante par le nombre de ses adhérents, il fallait un prêtre, libre de tout service paroissial, dégagé de toute autre œuvre et qui pût se consacrer tout entier à ses fonctions d'aumônier.

C'est en 1878 qu'Eugène Beluze avait ressenti les premières atteintes de la maladie qui l'emporta en 1887. Depuis cette première indisposition sérieuse (le premier coup de cloche, comme il disait), sa pensée se portait constamment sur ces deux points : 1º Trouver son successeur comme président du Cercle; 2º Avoir

1. Citons l'abbé Decorbie, dont la réserve un peu timide, mais d'une délicatesse exquise, la douce piété, le jugement ferme et sûr, exercèrent une action merveilleuse sur le groupe trop restreint de ceux qu'atteignit son influence.

un aumônier qui maintînt l'esprit religieux de l'œuvre.

S'il est mort sans avoir pu deviner son successeur, ce qui eût été pour lui une véritable joie, et s'il a dû, sur ce point, s'en remettre à la Providence, qui a bien su y pourvoir[1], au moins a-t-il eu le bonheur de voir la vie spirituelle du Cercle assurée par le choix d'un aumônier qui n'a pas d'autres fonctions et qui peut, par suite, s'y consacrer entièrement[2].

1. M. Terrat, professeur à l'Institut catholique et ancien vice-président du Cercle.

2. M. l'abbé Fonssagrives.

CHAPITRE CINQUIÈME

LA SOCIÉTÉ DE SAINT VINCENT DE PAUL — LES PATRONAGES

LE BUREAU CENTRAL

LE COMITÉ CATHOLIQUE — LA MESSE DU DÉPART

L'HOPITAL SAINT-JOSEPH

Si Eugène Beluze poussait vivement la jeunesse catholique du Cercle à s'occuper des œuvres de la charité chrétienne, il joignait l'exemple au précepte. C'était, du reste, un principe chez lui d'être toujours le premier à payer de sa personne. Il était entré dans la Société de Saint-Vincent de Paul dès les premiers temps de son séjour à Paris. Ce fut vraisemblablement Frédéric Ozanam, qu'il rencontrait dans la famille Perreyve, qui l'enrôla dans les Conférences. Plus tard il accepta de présider la Conférence Saint-Dominique des Carmes, qui visite les pauvres du quartier Notre-Dame des Champs. Il dirigea cette Conférence pendant vingt-cinq ans environ et ne la quitta que pour prendre la direction de celle qu'il établit au Cercle en 1883 et dont nous parlerons plus tard.

En 1856 il fut appelé à faire partie du Conseil général de la Société de Saint-Vincent de Paul. La petite œuvre fondée en 1834 par quelques étudiants, avait pris une extension merveilleuse et qui ne peut s'expliquer que par la protection visible de la Providence.

De Paris elle avait gagné d'abord la province, puis les pays étrangers, et aujourd'hui elle couvre le monde de ses réunions charitables, de telle sorte qu'il existe des Conférences de Saint-Vincent de Paul dans toutes les parties civilisées des cinq parties du monde.

Eugène Beluze fut l'un des membres les plus assidus du Conseil qui réunit toutes ces Conférences entre elles. Aucune occupation ne pouvait l'empêcher d'assister aux séances de ce Conseil. Il semble que son ardente charité trouvait une satisfaction particulière dans la pensée qu'il était utile à des pauvres disséminés dans les pays les plus éloignés et qu'il ne devait jamais rencontrer. Son horizon charitable s'agrandissait en raison même de l'éloignement des pays dont il entendait parler, et son cœur, trop vaste pour limiter ses affections, trouvait un inexprimable bonheur à penser, qu'il participait d'une manière quelconque à secourir des indigences trop

lointaines pour qu'il pût les connaître.
Mais il n'oubliait pas pour cela les misères plus rapprochées de lui, et le Conseil particulier des Conférences de Paris
le comptait également parmi ses membres.
Il en fut nommé vice-président le 3 décembre 1861.

Après le Cercle catholique des étudiants, la Société de Saint-Vincent de
Paul fut certainement l'œuvre à laquelle
Eugène Beluze se livra le plus complètement; mais les conférences ne suffisaient
point à remplir le besoin qu'il éprouvait
de se dévouer. L'œuvre des apprentis
et des jeunes ouvriers lui demanda son
concours. Il fut même pendant quelque
temps président d'un petit patronage situé
rue de la Roquette, œuvre qui a disparu
et sur laquelle nous n'avons pu, malheureusement, obtenir aucun renseignement.

Nommé vice-président des patronages de la Société de Saint-Vincent de Paul, il accepta également d'en être le trésorier. Ce n'était pas une petite affaire. A cette époque la principale ressource de ces œuvres, était une loterie de trente à quarante mille billets à un franc qu'il fallait placer tous les ans. C'était un rude labeur et l'organisation de ce placement, encore qu'Eugène Beluze ne s'occupât que de la direction, était une charge aussi difficile à remplir qu'ingrate et ennuyeuse. Il demandait souvent des aides et des collaborateurs, mais n'en trouvait que bien difficilement pour une besogne aussi peu récréative. Il a fallu tout son zèle et son dévouement à la classe ouvrière pour lui faire continuer, pendant un aussi grand nombre d'années, des fonctions qui, par leur nature même, ne peuvent apporter à leur labeur aucune compensation, ni pour le cœur, ni pour l'intelligence. Un peu plus tard, lorsque les patronages se furent multipliés, on eut la pensée d'organiser un concert annuel pour augmenter les ressources. Ce fut encore lui qui en fut chargé.

Les relations nombreuses qu'il s'était procurées dans le monde des artistes par les soirées musicales du Cercle, lui servaient beaucoup dans cette circonstance, mais ne diminuaient pas sensiblement son travail. Ceux qui se sont occupés quelquefois de l'organisation d'un grand concert, savent la quantité de démarches qui sont nécessaires pour pouvoir y arriver. On va solliciter le concours de dix artistes avant d'en trouver un qui soit disponible et pour chacun d'eux il faut faire cinq ou six visites avant de le rencontrer ou d'obtenir son adhésion.

Dans l'espèce, cela se produisait d'autant plus souvent qu'Eugène Beluze, ménager de la bourse de l'œuvre, s'efforçait toujours d'obtenir un concours gratuit de ceux auxquels il s'adressait. Mais il était de ceux qu'on ne peut refuser. Il plaidait avec tant de conviction la cause des pauvres enfants qui font partie des patronages, qu'on répondait presque toujours favorablement à sa gracieuse importunité. Quand il avait composé son programme et rempli les cadres de son concert, il commençait, disait-il, à respirer. Hélas! Combien de fois n'arriva-t-il pas que cette douce quiétude dut disparaître devant les difficultés qui surgissaient au dernier moment. C'était un rhume qui empêchait son ténor de tenir la promesse obtenue... Quelquefois des rivalités ou des caprices d'artiste! et il fallait recommencer les démarches la veille ou le jour même du concert, pour remplacer au dernier moment ceux qui faisaient défaut.

Pendant plus de vingt ans, il eut cette toile de Pénélope à tisser, et lorsque quelques-uns de ses amis le plaignaient et s'étonnaient de sa persévérance dans une mission si particulièrement ennuyeuse : « Que voulez-vous, disait-il, « quand il s'agit d'un concert, il faut « bien s'attendre à quelques fausses « notes. » Ses plaintes ne s'étendaient pas plus loin. Cette œuvre des patronages lui était particulièrement chère. Il y poussait tous ceux des jeunes gens du Cercle sur lesquels il avait quelque influence et je me rappelle une époque où, à l'exception d'un seul, tous les membres du bureau du Cercle faisaient partie de cette œuvre.

A cette date (1866) le Cercle jouissait d'une admirable prospérité et M. Beluze, qui aimait à chercher le doigt de Dieu dans les succès qu'il constatait, prétendait que c'était la récompense providentielle accordée à ses jeunes collaborateurs pour leur dévouement aux pa-tronages. C'était bien plus à son zèle et à ses vertus que cette récompense était donnée, mais son humilité n'aurait jamais voulu le reconnaître.

Les œuvres générales avaient pour lui un attrait particulier. Il y rendait du reste de grands services par cet esprit de charité et de conciliation qu'il possédait à un si haut point, et au moyen duquel il savait trouver un terrain d'union et d'action commune, pour les esprits les plus divers et les caractères en apparence les plus opposés.

Il faisait partie du bureau central

des œuvres ouvrières, fondé en 1872,
par Mgr de Ségur. C'est en 1874 qu'il
y entra, et là, comme toujours, il fut
d'une assiduité exemplaire aux réunions
qui avaient lieu tous les quinze jours.
Le but du bureau central est de servir
de trait d'union entre toutes les œuvres
ouvrières de France, de les renseigner
sur les méthodes qui ont le mieux réussi,
d'organiser des congrès où l'on étudie
ces œuvres diverses et où l'on cherche
à les propager. Eugène Beluze prit part
à plusieurs de ces congrès et y fit
des rapports très remarqués. A celui
de Lyon, il présida une commission avec
son tact parfait et sa bonté proverbiale.

Mais il n'y a point d'œuvre qui n'ait
une caisse et celle du bureau central,
comme beaucoup de caisses charitables,
sonnait le creux. Ce fut l'occasion pour
Eugène Beluze d'organiser plusieurs

grands concerts. Ce fut lui aussi qui, pour le bureau central, détermina M. Félix Clément à donner à Saint-Eustache une audition des *Chants de la Sainte-Chapelle*. Le concours des gens du monde fut considérable et les quêtes qu'on y fit apportèrent quelques ressources à l'œuvre. Malheureusement ces ressources étaient encore insuffisantes, et dans un jour d'embarras le bureau central trouva, dans Eugène Beluze, un prêteur généreux qui ne demandait que quelques prières comme intérêts. Toutefois, le prêteur se changea peu après en donateur. La somme était importante et comme on l'en remerciait avec effusion, il fit remarquer que l'on était à l'époque d'un jubilé, ajoutant que Madame Beluze et lui avaient décidé de renoncer à leur créance, pour accomplir leur aumône jubilaire.

Eugène Beluze ne pouvait manquer non plus de donner son concours au *Comité catholique* de Paris, cette œuvre née à l'heure de nos désastres d'une inspiration de dévouement à l'Église et à la France.

Le *Comité catholique* répond à cette pensée, que le devoir social fait partie du devoir chrétien et que la cause de la vérité catholique est aussi la cause du salut national. Il n'est étranger à aucune des œuvres qui se proposent la propagande de la religion et la défense des intérêts religieux. Eugène Beluze trouva dans ce comité un aliment nouveau pour son zèle et, dans sa merveilleuse activité, il trouva aussi le temps d'assister aux réunions, de prendre part à toutes les discussions et d'y porter le fruit de son expérience, de sa sagesse et de ses bons conseils. Ce fut dans une séance du *Comité catholique,* où l'on se préoccupait de la situation morale et religieuse des volontaires d'un an, qu'il conçut la pensée de la Messe du Départ.

L'un des caractères qu'on rencontre souvent dans les œuvres voulues de Dieu, c'est la petitesse de leur début. Ceux-là même qui en ont l'initiative ne se doutent point de l'avenir qu'elles auront. Ils ne savaient certes pas ce qu'ils faisaient, ces quelques étudiants qui fondaient la société de Saint-Vincent de Paul en 1834, et on les aurait bien surpris, si quelque prophète leur avait annoncé la magnifique extension que Dieu donnerait à leur œuvre. C'est que la plupart du temps les hommes ne sont que de frêles instruments, fragiles et impuissants par eux-mêmes, mais auxquels Dieu donne la force d'accomplir sa volonté lorsqu'ils sont dociles à ses inspirations.

Eugène Beluze ne pensait point que son initiative serait un jour comprise de toute la France, lorsqu'il eut la pensée de placer sous la protection du Dieu des armées, par un acte de piété et de foi, le service militaire des volontaires d'un an. Chaque année aujourd'hui, la messe du départ réunit au pied des autels les jeunes soldats qui vont quitter leurs familles pour passer trois longues années dans la caserne. Lorsque cette pensée lui vint, il en parla tout d'abord aux membres du bureau du Cercle du Luxembourg. Ne convenait-il pas de demander à Dieu une protection spéciale pour ces jeunes gens sortant à peine de l'enfance et qui, dans une vie nouvelle, non sans dangers, allaient être privés de l'appui qu'ils avaient trouvé jusque là dans leur famille? Un acte de foi, au début de cette nouvelle carrière, ne serait-il pas une puissante sauvegarde pour la conservation morale et religieuse de cette jeunesse appelée sous les drapeaux? Et cette communion, que plusieurs faisaient publiquement à cette messe du départ, ne serait-elle pas une profession de foi publique, destinée à appeler sur nos jeunes soldats les bénédictions de Dieu!

L'accueil que reçut cette idée au bureau du Cercle, engagea Eugène Beluze à s'occuper sans aucun délai de sa réalisation. Elle avait également l'approbation du *Comité catholique.* Il pria l'un de ses confrères, membre du Conseil général de la société de Saint-Vincent de Paul, d'aller trouver le curé de Notre-Dame des Victoires, de lui exposer

son projet et de lui demander, au cas
où il l'approuverait, de bien vouloir dire
cette messe des volontaires, dans le
célèbre sanctuaire de la Sainte Vierge.
M. l'abbé Chevojon approuva immédiatement le projet et promit son concours.
Eugène Beluze partit quelques jours
après pour la Provence, et c'est d'Aix
que, le 7 octobre 1875, il adressait la
lettre que voici au même confrère qui
lui avait servi d'intermédiaire auprès
du curé de Notre-Dame des Victoires :

« Aix, 7 octobre 1875.

« Mon bien cher confrère,

« Nous n'avons pas oublié, n'est-il pas
« vrai, notre Messe du Départ dite des
« Volontaires? Le moment serait peut-

« être venu d'en parler de nouveau à
« Monsieur le curé.....

« Sans modifier en rien notre plan,
« nous pourrions, je crois, tâcher de le
« réaliser ailleurs qu'à Paris et à ce
« sujet, voici ce que j'ai l'honneur de
« vous proposer : 1° de faire publier
« d'ici huit jours dans *la Semaine*
« *Religieuse, le Monde, l'Union,*
« *l'Univers, la Gazette de France,*
« *la France Nouvelle* et *le Français,*
« la petite note ci-jointe; 2° de prier
« le *Comité catholique* de Paris, d'en-
« gager les comités catholiques de pro-
« vince à prendre l'initiative de faire,
« comme nous, célébrer le 3 novembre,
« la messe du départ des volontaires;
« 3° de faire insérer dans le même but,
« une recommandation de même nature
« dans les petites feuilles de prières.

« Nous ferons de la sorte, je crois, une
« œuvre utile et agréable à Dieu.

« Tout à vous en Notre-Seigneur.

« E. BELUZE. »

Voici la note qui accompagnait cette
lettre. Nous l'avons sous les yeux, toute
entière écrite de sa main :

LA MESSE DU DÉPART

« Le mercredi 3 novembre, à huit
« heures, une messe sera célébrée en
« l'église de Notre-Dame des Victoires,
« pour les volontaires parisiens qui vont
« rejoindre leur régiment. M. l'abbé
« Chevojon, curé de la paroisse, adressera
« aux jeunes soldats une courte allocu-
« tion. Le chœur et le transept seront
« réservés à messieurs les Volontaires.

« Nous apprenons avec plaisir que, dans
« plusieurs villes de province, des messes
« seront dites le même jour à pareille
« intention. Puisse ce bon exemple être
« suivi partout, et ainsi sera constituée
« pour nos jeunes volontaires, jusque
« dans le dernier de nos villages, une
« œuvre nouvelle des plus intéressantes,
« celle de la Messe du Départ.

« En exprimant ce vœu, nous y joignons
« celui de voir aussi les simples conscrits
« jouir de la même faveur avant de se
« mettre en route pour leur régiment.
« Nul doute, que la plupart d'entre eux
« ne s'empressent d'assister avec leurs
« familles à cette messe du départ, pour
« attirer sur leur vie de soldat toutes
« les bénédictions du Ciel. »

C'est ainsi que fut fondée en 1875
cette œuvre de prières, qui s'est déve-

loppée depuis et qui, passant la frontière,
se répand depuis quelques années dans
tous les pays catholiques. A l'approche
du mois de novembre, tous les ans, il
prenait soin de rappeler à son confrère
de Paris les démarches à faire pour
annoncer la messe du départ et le priait
de s'entendre avec le vénérable curé
de Notre-Dame des Victoires, pour en
fixer le jour et l'heure. Toute cette
correspondance a été pieusement con-
servée et nous a été communiquée. En
1880, il terminait sa lettre par cette
phrase : « Jusqu'à ce jour, nous nous
« sommes occupés des volontaires, mais
« nous n'avons rien fait encore pour les
« simples troupiers. Or, il me semble que
« ces derniers n'ont pas moins droit à
« notre sympathie chrétienne, aujourd'hui
« surtout que, par suite de la suppression
« de l'aumônerie militaire, ces pauvres

« enfants n'ont plus au régiment aucun
« secours religieux. »

En 1881, il propose de généraliser
l'œuvre, en faisant insérer une petite note
dans toutes les *Semaines Religieuses*
de France. Au mois de novembre 1886,
quelques mois avant sa mort, fidèle à
cette œuvre, il prenait encore les disposi-
sitions nécessaires pour la dernière messe
du départ à laquelle il devait assister.

C'est en effet, un des traits du caractère d'Eugène Beluze de n'avoir jamais
abandonné les choses qu'il avait entre-
prises. Les occupations s'accumulaient
sur sa tête avec le poids des années, et
cependant, son activité semblait se développer sans cesse et suffisait à tout.

Secourir la misère par la Société de
Saint-Vincent de Paul; essayer de la
prévenir par l'éducation des apprentis

dans l'œuvre des Patronages, c'était à coup sûr une noble tâche; mais il aurait voulu atteindre toutes les douleurs pour les guérir ou les adoucir, toutes les tristesses de l'humanité pour les détruire et les changer en joie. Il ne faut donc pas s'étonner de l'enthousiasme qu'il montra, lorsque quelques-uns de ses amis lui parlèrent du projet qu'ils avaient formé de fonder un nouvel hôpital catholique dans un des quartiers les plus pauvres de Paris. La maladie est l'épreuve la plus dure que puissent subir les familles qui vivent du travail de leurs mains. Aux souffrances physiques s'ajoutent les préoccupations de l'avenir matériel, et ceux qui gémissent sur un lit de douleur souffrent deux fois au lieu d'une, quand ils ont laissé au dehors une femme ou des enfants sans moyens d'existence. Dans un hospice catholique, les amertumes de cette épreuve sont adoucies par la résignation chrétienne. Les sœurs garde-malades, ces messagères du bon Dieu, sont au chevet de ceux qui pleurent, comme le rayon de soleil qui perce un ciel brumeux et chargé de nuages.

Aussi M. Beluze ne pouvait se désintéresser d'une semblable entreprise. Ce fut dans une salle du Cercle du Luxembourg, que se tinrent les réunions préparatoires qui aboutirent à la formation de la société fondatrice de l'hôpital Saint-Joseph. Il fut au nombre des douze premiers souscripteurs qui s'engagèrent, chacun pour trente mille francs, afin de former le capital nécessaire à l'acquisition du premier terrain. Cette somme était considérable pour lui, surtout si l'on considère les charges énormes que sa charité lui faisait sans cesse contracter.

Cet hospice Saint-Joseph fut toujours une de ses préoccupations. Il s'intéressait aux malades qui y étaient soignés, et la veille de sa mort, il leur montra qu'il ne les oubliait pas. On lui avait apporté une petite caisse de raisin frais pour flatter son appétit épuisé. Il en mangeait sans plaisir..., tout à coup, il s'arrête : « Une bonne idée me vient, dit-il, qu'on « aille acheter soixante boîtes de raisin « (on était au mois de mars) et qu'on « les porte à l'hôpital Saint-Joseph. C'est « samedi le 19 mars, la fête de saint « Joseph! Je veux que chaque malade « ait cette petite friandise pour la fête « de notre patron. » Puis il ajouta une recommandation qui était habituelle à sa charité : « Qu'on ne dise à personne « d'où cela vient. » Ainsi fut fait, et les malades de l'hospice Saint-Joseph durent se partager *cette petite friandise,*

alors que celui qui la leur avait envoyée
avait déjà paru devant Dieu.

J'imagine que ces soixante boîtes de
raisin pesèrent d'un certain poids dans
la balance de Celui qui tient compte
d'un verre d'eau donné aux pauvres
en son nom.

CHAPITRE SIXIÈME

LE SALON DES ŒUVRES

LA CONFÉRENCE NOTRE-DAME DU CERCLE

Le Cercle du Luxembourg, malgré le temps qu'il consacrait à d'autres œuvres, était toujours le centre d'action d'Eugène Beluze. Il y fonda des œuvres de nature très différentes, mais qui se partagèrent également son affection. Le Salon des œuvres, qui naquit en 1873, et la conférence de Saint-Vincent de Paul, Notre-Dame du Cercle, qui fut sa dernière création, en 1883.

LE SALON DES ŒUVRES

C'était au lendemain de nos désastres. Le besoin d'union entre tous les catholiques se faisait vivement sentir. Trop longtemps des divisions funestes avaient séparé des esprits bien faits cependant pour s'entendre, et des querelles qui n'étaient peut-être que des malentendus, avaient, dans bien des circonstances, paralysé l'action des catholiques.

Eugène Beluze eut la pensée de fonder au Cercle, une réunion pour resserrer les liens qui doivent unir les catholiques entre eux. On y ferait des communications sur tous les faits intéressants qui viendraient à se produire. Point de discours, mais des entretiens familiers sur un sujet donné, on y causerait, on apprendrait à se connaître, à s'estimer, à s'aimer. Le

bureau du Cercle reçut le premier les
confidences de son président sur ce projet. Je suis obligé de dire qu'elles n'y
trouvèrent point un accueil enthousiaste.
La charité de M. Beluze lui faisait quelquefois prendre ses souhaits pour des
réalités et dans cette circonstance on ne
lui ménagea pas les objections. Cette
union, si complètement réalisée aujour-
d'hui sur le terrain religieux, paraissait
difficile à obtenir, non peut-être sur les
questions de doctrine, mais entre des
hommes éminents, qui avaient pendant
des années suivi des voies distinctes et
s'étaient combattus avec une certaine
acrimonie. Eugène Beluze ne fut point
arrêté par l'accueil que recevait sa proposition. Il attendit, mûrissant son projet
dans le recueillement. Il s'en ouvrit
cependant à plusieurs de ses amis. Bien
peu l'encouragèrent. Réunir les catho-

liques de toute nuance, éviter de traiter toute question qui pourrait amener des dissentiments, mais rapprocher les personnes, tel était le programme. M. Antonin Rondelet, qui fut le premier président du Salon des œuvres, nous a raconté lui-même la manière dont il accueillit les premières ouvertures de son ami.

« Je vois, dit-il, dans un discours pro-
« noncé à l'assemblée générale du Salon
« des œuvres, le 23 mai 1887, je vois
« encore M. Beluze me communiquant en
« 1872 le projet de cette réunion : une
« assemblée sans but défini, sans discours
« écrits, sans procès verbaux solennels,
« sans un bureau imposant, sans des
« rapports et des commissaires, et avec
« cela deux orateurs par semaine. Je ne
« pus m'empêcher de sourire. Je n'avais
« pas la foi. »

Personne ne l'avait et cependant cette œuvre a réussi. Elle tint sa première séance le 8 janvier 1873 et depuis cette époque ses réunions ont lieu tous les mercredis, à partir du mois de novembre jusqu'à la fin du mois de juillet. On y entend d'ordinaire deux *entretiens familiers* ou *communications* sur des sujets aussi intéressants que variés, et les catholiques, à quelque nuance politique qu'ils appartiennent, s'y rencontrent sur un terrain neutre d'où la politique seule est bannie. L'union la plus complète y règne, et beaucoup de catholiques doivent à cette réunion le plaisir de s'être connus et d'y avoir contracté des relations qu'ils sont heureux de continuer ensuite.

On se rendra compte de l'intérêt de ces réunions en lisant le programme des

séances qui eurent lieu dans la dernière
année de la vie de M. Beluze :

COMMUNICATIONS

FAITES AU SALON DES ŒUVRES

(Année 1886-1887)

1886

Mercredi 3 nov. — 1° *Allocution* de M. Antonin
Rondelet, président du Salon.
2° *Les Habitants aquatiques de la France*, par
M. Albin Mayet.
3° *Souvenirs intimes du cardinal Guibert*, par
M. l'abbé Gard, ancien professeur de rhétorique
au petit séminaire de Paris.

Mercredi 10 nov. — 1° *La Vie de Jeanne d'Arc,
d'après la nouvelle édition de Guido Goërres*,
par M. Ernest Faligan.
2° *Le Congo français*, récits d'un explorateur.

Mercredi 17 nov. — 1° *Souvenirs d'un récent voyage
au Canada*, par M. l'abbé Decorbie, du clergé
de Saint-Sulpice.

2° *Histoire d'une Académie de province*, par M. l'abbé Rance.

Mercredi 24 nov. — 1° *L'Association catholique de la Jeunesse française*, par M. le vicomte R. de Roquefeuil, président de l'Œuvre.

2° *Un Économiste catholique de l'Angleterre*, par M. Claudio Jannet, professeur à l'Institut catholique de Paris.

Mercredi 1ᵉʳ déc. — 1° *Les saintes Maries de Provence*. par M. Chauveau.

2° *Souvenirs d'un voyage en Galicie,* par M. Delaire.

Mercredi 15 déc. — 1° *La Crise industrielle en Belgique, étudiée dans un récent voyage*, par M. Urbain Guérin.

2° *Une traduction nouvelle des saints Évangiles,* par M. Henri Lasserre.

Mercredi 22 déc. — 1° *Les Lois sociales, d'après le récent ouvrage du comte d'Harcourt*, par M. l'abbé de Broglie.

2° *Victor de Laprade, d'après le livre de M. l'abbé Condamin*, par M. l'abbé Vanel, du clergé de Paris.

Mercredi 29 déc. — 1° *Le futur Congrès d'apologétique chrétienne*, par M. de Vorges.

2° *Du Rôle des biens communaux dans la société*, par M. Ardant.

1887

Mercredi 5 janv. — 1° *Les Trappistes en Chine, récit
d'un Missionnaire*, par le R. P. Bernard.

2° *Le Maroc contemporain, souvenirs d'un récent
voyage*, par M. Ludovic de Campou.

Mercredi 12 janv. — 1° *Les Patronages des jeunes
garçons*, par M. Vasseur, directeur du patronage de N.-D. de Nazareth.

2° *Madame de Sévigné en Bretagne*, par M. de
la Brière.

Mercredi 19 janv. — 1° *La Science du Droit canon*,
par Mgr Jude de Kernaëret, de l'Institut
catholique d'Angers.

2° *Mémoires inédits sur les massacres de Sep-
tembre, la Terreur, le Directoire, de Mgr de
Salamon, conseiller clerc au Parlement et
Internonce à Paris sous la Révolution*, par
M. l'abbé Bridier, professeur de rhétorique au
petit séminaire de Paris.

Mercredi 26 janv. — 1° *Les Pensées de l'abbé Roux*,
par M. l'abbé Gard.

2° *La Russie et la Chine*, par M. Wilbois.

Mercredi 2 fév. — 1° *Les Voyages scolaires de l'école
d'Arcueil*, par M. l'abbé Barral.

2° *Récits d'un missionnaire au Dahomey.*

Mercredi 9 fév. — 1° *La Loi des crises économiques,*

leur dénouement, par M. Clément Juglar, vice-président de la Société d'économie politique.

2° *La Terreur sous le Directoire*, par M. Victor Pierre, avocat à la Cour d'appel de Paris.

Mercredi 16 fév. — 1° *Un Poète autrichien : Maurice Hartman*, par M. R. Godefroy.

2° *Un Hôpital des incurables au* XVII° *siècle*, par M. l'abbé Bony, aumônier de l'hôpital Laënnec.

Mercredi 23 fév. — 1° *Les Lycées de jeunes filles en Russie et les origines du nihilisme*, par M. Douhaire.

2° *Les Dangers de l'alcoolisme*, par M. le Dr Poitou-Duplessis.

Mercredi 2 mars. — 1° *Histoire du peuple d'Israël*, par M. l'abbé de Broglie.

2° *La Musique religieuse dans Gounod*, par M. Michelot, maitre de chapelle à N.-D. des Champs.

Mercredi 9 mars. — 1° *La Crémation des corps*, par M. Gaston de Bellaigue.

2° *Opinion d'un artiste sur l'art, compte-rendu d'un récent ouvrage de M. Louis Janmot*, par M. Antonin Rondelet.

Mercredi 16 mars. — 1° *Les Pensées de M. de Bonald*, par M. de Bonnefon (Jean le Viel).

2° *Le Révérend Père Gratry*, par M. Antonin Rondelet.

Mercredi 23 mars. — 1° *Une visite aux catacombes de Saint-Callixte*, par M. l'abbé Boudinhon, professeur à l'Institut catholique de Paris.

4*

2° *L'île de Paul et Virginie*, par M. de Boucherville.

Mercredi 30 mars. — 1° *L'éducation secondaire des filles, programme et statistique*, par M. F. Gibon, secrétaire adjoint de la Société d'éducation et d'enseignement.

2° *Les Poésies de François Coppée*, par le R. P. Paul Lallemand, de l'Oratoire.

Mercredi 13 avril. — 1° *La Confrérie de saint Côme et saint Damien*, par M. le Dr Dauchez.

2° *Madame Swetchine et la Société française*, par M. Antonin Rondelet.

Mercredi 20 avril. — 1° *Exposé et réfutation du Darwinisme*, par M. le Dr Jousset.

2° *Les grandes Voies commerciales de la France*, par M. le comte de Bizemont.

Mercredi 27 avril. — 1° *Le Diocèse de Guayaquil* (Équateur), par son évêque Mgr Roberto Marie, de la Compagnie de Jésus.

2° *Les Collections publiques d'antiquités grecques et romaines à Paris*, par M. l'abbé Beurlier, professeur à l'Institut catholique de Paris.

Mercredi 4 mai. — 1° *Une Visite aux ruines de Jumièges, récit et légende du* VII° *siècle*, par M. l'abbé J. Bonhomme, curé de Saint-Jean-Baptiste de Grenelle.

2° *Claude-Ferdinand Gaillard, l'homme et l'œuvre*, par M. l'abbé Jules Delaunay, du clergé de Coutances.

Mercredi 18 mai. — 1° *La Question irlandaise et la condition des tenanciers,* par M. l'abbé Piché, prêtre, des Frères de Saint-Vincent de Paul, curé à Lurgan, comté d'Armagh (Irlande).

2° *Son Diocèse,* par Mgr Wey, évêque de Siam.

Mercredi 25 mai. — 1° *L'art, dans ses rapports avec le culte et le catéchisme,* par le R. P. Charles Clair, de la Compagnie de Jésus.

2° *État de la France en 1789, d'après les mémoires contemporains,* par M. Anicet Digard, avocat à la Cour de Paris.

Mercredi 1er juin. — 1° *L'Œuvre des vieux papiers,* par M. le chanoine Garnier, du diocèse de Langres.

2° *Le Salon de* 1887, par un membre du Salon des Œuvres.

Mercredi 8 juin. — 1° *La Mission de Maduré,* par le R. P. de Beaurepaire, de la Compagnie de Jésus.

2° *L'Exposition de Millet et le paysage en peinture,* par M. Florentin Loriot.

Mercredi 15 juin. — 1° *L'Association catholique de la Jeunesse française,* par M. de la Porte, secrétaire de zone.

2° *L'Allemagne avant la Réforme,* par le R. P. Forbes, de la Compagnie de Jésus.

Mercredi 22 juin. — 1° *La Tunisie française,* par M. Ludovic de Campou.

2° *Garcia Moreno, président de la République de l'Équateur,* par M. le comte de Waziers.

Mercredi 6 juill. — 1° *La Théologie de l'ancienne Égypte*, par M. Robiou, membre correspondant de l'Institut.

2° *L'Assemblée des Comités catholiques de* 1887, par M. Camille Raymond, secrétaire général.

Mercredi 13 juill. — 1° *Une Usine chrétienne dans le Forez*, par M. l'abbé Bony.

2° *La Société des publicistes chrétiens*, par M. Levasnier, directeur du journal *la Corporation*.

3° *Une nouvelle Biographie d'Ozanam*, par M. Charles Huit, lauréat de l'Institut.

4° *Allocution de clôture,* par M. Antonin Rondelet, président du Salon.

LA CONFÉRENCE DE N.-D. DU CERCLE

On pourrait s'étonner que le Cercle catholique du Luxembourg n'ait pas eu, dès ses débuts, une conférence de Saint-Vincent de Paul pour grouper les étudiants dans la vie active de la charité. Comment M. Beluze, membre si zélé des conférences de Saint-Vincent de Paul, n'avait-il pas songé à en fonder une au

Cercle? La raison de cette lacune était précisément dans cette pensée, que le Cercle devait être le terrain de recrutement pour toutes les œuvres. L'idée des conférences composées exclusivement de jeunes gens, ne date pas du reste d'une époque très éloignée. On craignait de nuire au recrutement des conférences plus anciennes. Si les aînées, pensait-on, ne se renouvellent pas incessamment en admettant des confrères plus jeunes, elles finiront par vieillir et ne plus avoir l'activité et l'ardeur nécessaires. Cette pensée était juste et la Société de Saint-Vincent de Paul, qui est essentiellement une œuvre active, a besoin de ne pas vieillir et de se rajeunir sans cesse par de nouvelles recrues. Mais ce qui était bien moins juste, c'était la pensée qu'une conférence *au Cercle* nuirait au recrutement des autres. Déjà l'expérience avait été faite dans une certaine mesure, car, depuis plusieurs années, le Cercle donnait l'hospitalité à une conférence, déjà ancienne, celle de Saint-Marcel de la Maison-Blanche, et les quelques membres, qu'elle avait trouvés dans le nouveau local de ses réunions, n'avaient pas diminué le nombre de ceux qui portaient leur concours à d'autres œuvres. Dans d'autres groupes de catholiques on avait formé des conférences de jeunes gens, et elles avaient prospéré.

Pourquoi ne tenterait-on la même chose au Cercle? M. Beluze n'accueillit cependant pas sans hésitation la proposition qui lui en fut faite par un de ses collègues du bureau. La première objection (celle que je viens de dire) n'arrêta pas longtemps son esprit. Le Cercle est pour la charité un vaste champ *où le dernier venu trouve encore à glaner*. Mais deux autres objections l'arrêtèrent plus

longtemps. Il était le président désigné
pour cette nouvelle conférence, si elle
se fondait, et dès lors il lui faudrait
quitter celle de Saint-Dominique des
Carmes qu'il dirigeait depuis si longtemps. Il aimait sa Conférence comme
on aime les choses auxquelles on s'est
dévoué. Il y avait là une question d'affection et de cœur, mais c'était aussi un
sacrifice à faire et dès lors cette objection
devait tomber. La seconde était plus
grave. C'était la question des ressources,
une conférence d'étudiants ne pouvait en
avoir beaucoup par elle-même. Comment
organiser un sermon de charité? « Je
« suis usé, disait-il, jusqu'à la corde sous
« ce rapport; j'ai pressuré toutes les
« bourses de mes amis et je suis inca-
« pable de pourvoir à une fondation
« nouvelle. » On se confia à la Providence
et la Conférence de Notre-Dame du Cercle

du Luxembourg fut fondée. Le premier
soin fut de choisir une circonscription,
on choisit la paroisse de Notre-Dame de
la Gare, qui ne possédait qu'une seule
conférence locale, hors d'état de pourvoir
au soulagement de toutes les misères de ce
quartier, l'un des plus pauvres de Paris.
Le président de la Conférence de la Gare,
confrère de M. Beluze au Conseil particulier des Conférences de Paris, appelait
du reste de tous ses vœux la fondation
d'une seconde conférence sur ce terri-
toire. Un autre motif détermina encore
le choix de cette circonscription, c'était
l'existence, à proximité, d'un patronage
d'apprentis, auquel M. Beluze n'avait
cessé de donner, depuis de longues
années, les marques de la plus vive
affection[1]. Ces deux œuvres, dans sa

1. Le patronage Sainte-Rosalie.

pensée, devaient s'unir et se compléter. On dirigerait vers ce patronage les confrères de la Conférence. Ils y conduiraient les enfants des familles visitées et le patronage de son côté rendrait quelques services à la Conférence, ne fût-ce qu'en abritant dans l'une de ses salles le modeste vestiaire que l'on comptait fonder.

Mais, en homme pratique, Eugène Beluze s'occupa immédiatement d'assurer les ressources dont la nouvelle œuvre avait besoin. Un don de deux cents francs qu'il avait fait à la Conférence, avait fourni les premiers fonds, mais c'était l'avenir qu'il fallait assurer. Ce fut au sein même du Cercle, qu'il trouva ces nouvelles ressources. L'œuvre des Conférences publiques dont nous avons parlé plus haut était en pleine prospérité. Chaque conférence se terminait par une quête. Le produit en fut consacré à

Notre-Dame du Cercle. Il fut convenu également que *toutes* les petites fêtes qui se font au Cercle : concerts, représentations dramatiques, dans lesquelles on fait toujours une quête, seraient données au profit de la nouvelle confé-rence. Ses calculs ne furent point trompés[1], et chaque année l'on constatait une augmentation progressive des recettes. Cela permit d'augmenter le nombre des familles visitées, et, au moment de la mort de son vénéré fondateur, la Conférence Notre-Dame du Cercle comptait trente-cinq membres et visitait cent vingt-trois familles pauvres. Je me suis étendu sur

1. La Conférence toucha de ces deux sources, quêtes aux conférences et petites fêtes :

En 1885............	689 fr. 05
1886............	694 fr. 85
1887............	1676 fr. 20

mais dans ce chiffre très élevé de 1887 figure un reliquat de 1886.

cette œuvre parce qu'elle est la dernière
de celles que M. Beluze a fondées. C'est
l'enfant de sa vieillesse et il lui donna
tous ses soins comme toute son affection.

Il eut encore la joie avant de mourir
de voir fonder au Cercle une autre conférence de Saint-Vincent de Paul, celle-ci
pour les lycéens, qui consacrent ainsi
une partie de leur jour de sortie à une
œuvre de charité. C'est par M. l'abbé
Fonssagrives, aumônier du Cercle, que
cette œuvre a été fondée, mais M. Beluze,
qui déjà ne pouvait plus donner son concours personnel à ces créations nouvelles,
l'encouragea de toutes ses sympathies.

Une vie si remplie de bonnes œuvres
devait recevoir dès ici-bas quelque récompense. Ce fut le Souverain Pontife qui
se chargea de payer la dette de la charité, en le nommant chevalier de Saint-
Grégoire le Grand. Cette nomination, qui

ne fut une surprise pour personne autre
que lui-même, lui fit certainement plaisir,
mais causa en même temps quelque souci
à son humilité. Il travaillait pour Dieu
seul et ne croyait point en avoir fait
assez pour mériter une distinction particulière. Il remercia cependant avec effusion l'ami qui avait fait dans le plus
grand secret les démarches nécessaires,
mais il lui fallut faire un effort sur lui-
même pour mettre à sa boutonnière le
ruban si bien gagné. Quelque temps
après (1873), le ministre de l'instruction publique lui envoyait les palmes académiques.
Ce fut une nouvelle surprise pour lui, mais
qui montrait combien on appréciait, même
dans les sphères officielles, son admirable
dévouement à la jeunesse des écoles.

CHAPITRE SEPTIÈME

La qualité dominante du caractère
d'Eugène Beluze était la bonté. Sans
doute on pouvait remarquer en lui, une
intelligence très vive, une activité sur-
prenante, une humilité et une douceur
qui ne se démentaient jamais, mais la
bonté était la note caractéristique de sa
nature. Elle revêtait une certaine forme
religieuse qui venait de son zèle pour le
salut des âmes et qui la faisait toujours
respecter, lors même que ses plus intimes
collaborateurs la taxaient de faiblesse.

Il lui arriva plus d'une fois de se faire
des illusions sur le mérite de ceux qu'il
appelait à son aide dans les œuvres ou
sur la valeur des agents salariés qu'il
employait. On le voyait alors faire de
grands efforts personnels pour suppléer
à l'insuffisance des uns et travailler avec
ardeur à trouver quelque excuse pour les
autres. Il se mettait l'esprit à la torture
pour inventer quelque raison spécieuse
afin d'excuser les délinquants qu'il trouvait assez souvent parmi ceux sur lesquels
il avait autorité.

L'employé principal du Cercle a des
fonctions très astreignantes et qui sont
un rouage essentiel pour la bonne admi-
nistration de l'œuvre. L'assiduité à son
bureau est une des conditions nécessaires
à l'accomplissement de ces fonctions. Or,
à une certaine époque, cette place était

remplie par un individu d'origine étrangère, qui n'aimait pas la vie sédentaire, et qui trouvait chaque jour quelque prétexte mensonger pour justifier des absences continuelles.

Comme le membre du bureau chargé de diriger le service s'en plaignait avec une certaine vivacité et demandait qu'on pourvût au remplacement de cet employé, M. Beluze plaidait les circonstances atténuantes : « Sans doute le service est mal fait, sans doute les avertissements donnés n'ont encore servi à rien, mais on va les renouveler, patientons encore.... — Mais au moins, reprenait le secrétaire du Cercle, que cet homme n'invente pas dix mensonges par jour pour expliquer ses absences!...—Voyons, mon ami, reprenait M. Beluze, n'exagérons rien. Il faut sans doute respecter toujours la vérité, mais, voyez-vous, il y a des nuances, c'est peut-être une question de nationalité. Dans certains pays d'Orient, où l'on emploie souvent l'hyperbole, ce n'est pas toujours mentir que d'être à côté de la vérité, et puis mentir, c'est parler contre la vérité avec l'intention de tromper, et je vous assure qu'X. ne se fait aucune illusion sur la créance que vous accordez à ses excuses. »

Une autre fois, c'était un membre de sa conférence de Saint-Vincent de Paul dont le zèle laissait par trop à désirer! Les bons de pain, qu'il s'était chargé de porter à deux familles pauvres, s'étaient régulièrement alignés sur son bureau et cela pendant plusieurs mois. Les pauvres n'en avaient point vu la couleur. Lorsque le chiffre en fut trop considérable (il atteignait une valeur de vingt-cinq ou trente francs), le dit membre de la Conférence en fit un paquet qu'il déposa discrètement, et sans que personne ne le vît, sur le bureau de l'agent du Cercle et à l'adresse du trésorier de la Conférence. Comme à la même date, les deux familles pauvres écrivaient pour demander des secours et se plaignaient d'avoir été abandonnées, il fut très facile de savoir quel avait été le visiteur négligent, et le trésorier, auquel on avait remis les bons, s'en plaignait avec une certaine amertume, qualifiant, un peu sévèrement peut-être, la conduite de ce confrère. — Mais, répondit M. Beluze, vous êtes trop sévère. C'eut été méritoire de porter ces bons, chaque semaine, aux familles auxquelles ils étaient destinés, mais ce n'était pas obligatoire pour M. X. On peut être un fort bon chrétien et ne pas faire partie de la Société de Saint-Vincent de Paul. L'excuse était détestable, car si l'on n'est point obligé, pour être un bon chrétien, de porter des bons de pain aux pauvres et de donner cette forme à sa charité personnelle, il n'en était pas moins vrai que celui qui s'était chargé de porter ces bons, avait *le devoir* de le faire, et qu'en ne le faisant pas, il frustrait deux malheureuses familles des secours que la Conférence leur avait accordés. Eugène Beluze ne se faisait certainement aucune illusion sur la faiblesse de son plaidoyer, mais il voulait toujours atténuer, par quelque observation charitable, les torts de ceux qu'on blâmait devant lui. Si on lui parlait mal de quelqu'un, il cherchait immédiatement par quel côté l'on pouvait faire l'éloge de celui qu'on avait attaqué, et, si la chose était impossible, il trouvait moyen de présenter sa défense en développant quelque thèse générale de philosophie ou de morale.

Un jour, on parlait devant lui d'un

grand criminel qui venait d'expier sur l'échafaud toute une série de crimes et d'assassinats. Il en prit texte pour développer cette pensée que la culpabilité des hommes ne peut jamais être appréciée avec une absolue certitude : un individu sans instruction, sans éducation, privé des enseignements d'une famille chrétienne, peut être bien moins coupable aux yeux de Dieu que celui qui a reçu la grâce d'une instruction sérieuse et d'une éducation soignée. Quelle peut être, ajouta-t-il, la culpabilité de celui qui ne connaît pas Dieu et auquel on n'a pas enseigné les lois de Dieu? Cela n'excuse pas un criminel, mais il faudrait une autre balance que celle de notre pauvre intelligence, pour peser avec justesse le degré de sa culpabilité.

Mais sa bonté devenait souvent excessive et dégénérait fréquemment en faiblesse lorsqu'il s'agissait de secourir des personnes, malheureuses sans doute, mais qui ne devaient leur misère qu'à leur inconduite ou leur paresse. Parmi les clients qui s'adressaient à son inépuisable charité, il y en avait qui parvenaient à se procurer les adresses de certains membres du Cercle et qui les accablaient ensuite de leurs sollicitations. Je dus à mes fonctions de membre du bureau du Cercle, de faire plus d'une fois connaissance avec des malheureux fort peu dignes d'intérêt.

L'un d'eux s'adressait régulièrement à moi lorsque M. Beluze quittait Paris, au mois de juillet, pour aller passer quelques mois en province. Bien mis, instruit, ayant une fort belle écriture, il venait chez moi sous prétexte d'obtenir du travail, affirmant que son unique désir était de trouver quelque chose à faire. Il aurait été principalement heureux d'utiliser ses talents de calligraphe et désirait avoir un peu de copie à faire. L'occasion se présenta un jour de mettre sa bonne volonté à l'épreuve. Un de mes amis, qui habitait la province, m'avait prié de faire copier quelques documents à la bibliothèque Sainte-Geneviève. C'était un assez long travail qui devait être largement rétribué. J'appelle immédiatement mon solliciteur et lui annonce la bonne aubaine qui m'était tombée des nues pour lui. Il me remercia avec effusion, se chargea du travail, mais ne reparut plus. J'avais sans m'en douter mis un terme à ses visites intéressées. Naturellement je m'empressai de raconter l'histoire à M. Beluze dès son retour. Il m'écouta avec un léger sourire, qui prouvait que mon récit n'était pas pour lui une surprise. Ah! le malheureux, fit-il, voyez ce que c'est que la paresse ! Je le gronderai ferme quand il se présentera chez moi....

Je ne sais ce que fut cette gronderie ferme !... mais ce que je sus fort bien, c'est que M. Beluze lui continua ses aumônes.

Il ne faut pas croire, du reste, qu'il fut trompé souvent par les malheureux qui s'adressaient à lui. Il discernait très bien ceux qui avaient le désir de sortir par le travail de leur misérable position ; mais il n'abandonnait pas les autres, espérant toujours les ramener à de bons sentiments et à des habitudes d'ordre et de vie régulière. Le fait suivant donnera la mesure de sa charité sous ce rapport et expliquera, pour beaucoup de faits analogues, ce que nous appelions faiblesse, et qui n'était peut-être qu'une forme particulièrement sainte de son zèle ardent pour le salut des âmes. Le lecteur me

pardonnera de me mettre encore une fois
en scène. Au mois de novembre 18.., je
reçus un matin la visite d'un jeune homme
fort bien mis, élégant même, et dont les
excellentes manières dénotaient une éducation parfaite.

« Monsieur, me dit-il, je n'ai point
« l'honneur d'être connu de vous et je
« viens cependant vous demander un ser-
« vice. Je suis cousin germain de M. de
« G., votre ami. Voici sa carte qu'il
« m'avait donnée pour me présenter de
« sa part chez M. Beluze et chez vous,
« au retour d'un voyage que je faisais
« en Danemark. Mon intention était, en
« effet, de me présenter au Cercle catho-
« lique du Luxembourg avec la recom-
« mandation de mon cousin, mais voilà
« que j'ai reçu à Copenhague une dépêche
« me rappelant immédiatement en France

« auprès de ma mère mourante. En arri-
« vant à Paris j'ai trouvé une nouvelle
« dépêche m'annonçant la mort de ma
« mère (ici un petit mouvement d'émotion
« bien senti). Pendant mon voyage, je
« trouvais de l'argent chez des banquiers
« auxquels on avait adressé la provision
« nécessaire, mais je suis revenu brus-
« quement sans prendre le temps de
« retirer ce qui y était encore à mon
« crédit, et j'arrive ce matin à Paris,
« n'ayant plus un sou et manquant même
« des trente francs qui me sont néces-
« saires pour aller jusque chez moi pour
« les obsèques de ma mère. M. de G.,
« mon cousin, ne revient que dans huit
« jours. Je me suis présenté d'abord chez
« M. Beluze pour lui faire la demande
« que je vous fais en ce moment, il n'est
« pas de retour d'Aix. Dans cette détresse
« et cet embarras, je suis venu vous

« trouver pour vous prier de m'avancer
« ces trente francs, que je vous retournerai
« dès demain, sitôt que je serai arrivé
« dans ma famille. »

Cette histoire avait les apparences de la vérité. La carte de M. de G. lui donnait une réelle vraisemblance ; je savais aussi que M. de G. était encore absent pour huit jours, et ce détail était bien fait pour me faire croire au reste. Je m'empressai de donner la somme demandée à ce jeune homme affligé, qui descendit l'escalier allègrement, trop allègrement même, car j'eus un soupçon en voyant cet air dégagé qui succédait trop vite à sa douleur filiale. Ce fut même ce soupçon qui me fit, quelques heures après, prendre un renseignement d'où il résulta clairement que j'avais été victime d'un habile escroc. Cet individu, qui n'était point le cousin germain de M. de G., mais seulement du même pays que lui, s'était procuré deux ou trois de ses cartes de visite, je ne sais par quels moyens. Muni de ce moyen d'introduction, il se présentait chez les amis de M. de G., et je n'étais pas, paraît-il, sa première victime; je voulus être la dernière. Le nom de M. Beluze avait été prononcé deux ou trois fois dans le petit discours de mon individu. J'en concluai, sans grand effort d'imagination, que M. Beluze, dès son retour, serait l'objet d'une semblable tentative d'escroquerie. Je l'en avisai immédiatement, en lui conseillant de faire arrêter le maître filou. Mes prévisions ne m'avaient pas trompé. Quarante-huit heures après son retour à Paris, M. Beluze recevait la visite annoncée.

Après avoir fait asseoir ce jeune homme à côté de lui, il écouta patiemment toute son histoire : le voyage en Danemark, la mère mourante, la dépêche annonçant la fatale nouvelle, le cousin germain, etc., etc., etc.

Quand il eut terminé, M. Beluze, le regardant avec ce regard qui semblait lire au fond des âmes : « Savez-vous, « monsieur, ce que c'est qu'un escroc? » Et comme le malheureux regardait instinctivement du côté de la porte, il ajouta : « N'essayez pas de fuir, j'ai pris mes « précautions, je savais que vous vien- « driez, ma porte est bien fermée et je « n'ai qu'à ouvrir la fenêtre pour faire « monter deux sergents de ville. » Puis, après une pause qui dut paraître longue au coupable, Eugène Beluze ajouta avec douceur : « Mon ami, vous êtes bien « coupable, mais vous avez une âme à « sauver, une âme créée à l'image de « Dieu. Je ne sais qui vous êtes, mais à

« votre langage et à vos manières, je
« vois que vous avez reçu une éducation
« distinguée, vous êtes capable de com-
« prendre le prix de votre âme. »

Il lui parla longtemps avec un mélange
de douceur et de fermeté qui firent le
plus grand effet sur ce malheureux. Celui-
ci ému, donna son vrai nom, son adresse
et les détails les plus circonstanciés sur
sa triste situation. M. Beluze lui remit
quelque argent, et le lendemain matin de
bonne heure frappait à la porte de sa
mansarde. Comme il arrive toujours en
pareil cas, c'était à la mauvaise conduite
qu'il fallait attribuer cette détresse. Le
malheureux jeune homme vivait dans un
ménage irrégulier et deux pauvres enfants
étaient le fruit d'une union que l'Église
n'avait point bénie.

La première chose à faire était de
réhabiliter cette union. Eugène Beluze

entreprit immédiatement ce sauvetage, mais il se heurta à d'inextricables difficultés. Le père du jeune homme, dont il fallait le consentement, se renferma d'abord dans un silence absolu; puis, pressé, harcelé par le zèle charitable de notre ami, finit par répondre : « J'ai eu un fils, c'est vrai, mais je n'en ai plus, qu'on ne m'en parle jamais. » D'autres complications surgirent du côté de l'autorité administrative qui recherchait ce malheureux jeune homme qui n'avait pas satisfait au service militaire. Je ne sais quelle fut la fin de cette histoire, mais Eugène Beluze ne se découragea pas, et la dernière fois qu'il m'en parla, il poursuivait toujours ses projets de réhabilitation et de relèvement.

Bien peu de personnes auraient agi comme lui dans ces circonstances. Nous eussions cru bien faire en mettant un terme, par la prison, aux aventures de ce triste individu. Eugène Beluze voulut sauver une âme; il fit mieux que nous n'eussions fait, quelle qu'ait été l'issue de sa campagne charitable.

Son humilité égalait sa bonté. Il ne sut jamais se cuirasser contre les compliments, et chaque fois qu'il avait à en subir, il en éprouvait une gêne visible. Dans les séances solennelles où il devait souhaiter la bienvenue à celui qui en avait accepté la présidence, il arrivait souvent que celui-ci, en lui répondant, lui adressait quelque éloge. Son zèle à diriger le Cercle, le dévouement absolu qu'il y montrait, étaient des thèmes trop naturellement indiqués pour qu'il put y échapper. Il aurait voulu alors se cacher dans quelque coin. On le voyait rougir, baisser la tête, se pelotonner sur lui-même et chacun comprenait, quelquefois en en riant un peu, combien ces éloges, si mérités cependant, lui étaient à charge. Mais c'était dans les relations ordinaires de la vie qu'il montrait le plus naïvement le désir qu'il avait de s'effacer. Rien ne lui était plus agréable que de faire fléchir son opinion personnelle devant celle de son interlocuteur. Que de fois ne l'avons-nous pas vu, au bureau du Cercle, s'incliner devant l'opinion de collègues bien plus jeunes que lui et qui n'avaient point son expérience. Il ne prenait jamais aucune décision sans consulter ses collaborateurs et je l'ai vu renoncer plus d'une fois à des projets qui lui étaient chers, parce que ses amis ne les approuvaient pas. Cela ne l'empêchait pas de présenter avec une grande liberté et de soutenir, même avec vivacité, les idées qu'il croyait justes; mais il n'insistait pas, en général, si sa manière de voir n'était pas goûtée de la majorité. Cependant il n'abandonnait jamais une proposition, s'il la croyait importante, avant de l'avoir fait étudier sous toutes ses faces et trancher définitivement par ceux qui avaient la mission de prendre une décision sur le sujet; sous ce rapport il était doué d'une véritable ténacité. Ses confrères du bureau des Conférences de Paris en eurent la preuve dans une circonstance où ils purent admirer et sa fermeté et son humilité.

Depuis plusieurs années, il se préoccupait vivement des vides qui s'étaient produits parmi ses confrères. Plusieurs étaient morts, d'autres s'étaient définitivement fixés en province. La pensée, très juste du reste, d'Eugène Beluze

était de voir le président des Conférences de Paris appeler plusieurs de
ses confrères plus jeunes à partager le
fardeau de la direction. « Nous pouvons
« manquer, disait-il, un jour ou l'autre,
« qui peut être assuré du lendemain? et
« personne ne serait prêt pour nous
« remplacer. » Le président du Conseil,
pour je ne sais quels motifs, n'avait
nullement accepté cette pensée. Sa merveilleuse activité charitable suffisait à
tout, et il ne prévoyait certes pas que
quelques mois après, sa mort subite
viendrait donner trop complètement
raison aux prévisions de notre ami.

Eugène Beluze attachait une extrême
importance à cette question qu'il avait
en vain, à plusieurs reprises, essayé de
faire discuter par le bureau. Un jour,
il insista avec plus de force, rencontra
la même résistance passive et se laissa

aller à quelques paroles un peu vives contre cette fin de non-recevoir que le président opposait toujours à sa proposition, sans vouloir la discuter.

Peut-être avait-il légèrement dépassé la mesure? Nous ne le pensions pas, mais il en jugea autrement, et le lendemain, chacun des membres du bureau recevait une longue lettre dans laquelle il s'accusait de les avoir mal édifiés par son *extrême vivacité et son emportement.*

L'emportement d'Eugène Beluze!!!

Je crois que cela dut faire sourire ceux auxquels les lettres étaient adressées. Mais ce léger incident nous montre bien quelle était son humilité et avec quel empressement il reconnaissait ses torts... vrais ou supposés, lorsqu'il croyait en avoir.

———⋆———

CHAPITRE HUITIÈME

Après avoir parcouru cette notice trop
courte sur la vie d'un homme qui pos-
séda toutes les vertus, le lecteur se
demandera peut-être où il avait puisé
cette bonté, cette douceur, cette parfaite
égalité d'humeur qui n'était point dans
son caractère naturel, mais qui fut le
fruit laborieusement acquis d'une volonté
dominée et domptée. Comment cette
imagination vive, ardente, enthousiaste,
qui lui faisait sentir plus vivement qu'à
tout autre et les tristesses de la vie et

les mécomptes de ses propres illusions, n'avait-elle pas altéré son inaltérable quiétude? Comment put-il résister aux coups terribles par lesquels Dieu éprouva son amour et sa foi? Comment, après la mort successive de ses trois enfants, se releva-t-il, brisé sans doute, mais toujours vaillant, pour reprendre avec une ardeur nouvelle la vie d'œuvres, de dévouement, de sacrifices volontaires, qu'il avait embrassée?

Quelle fut la raison vraie, la raison déterminante de cette parfaite conformité de sa vie avec la volonté de Dieu?

La réponse est facile :

Il communiait tous les jours. Sa tendre piété se plaisait aux pieds des autels. Dès sa plus tendre jeunesse, il avait aimé à passer chaque jour quelques instants devant le saint Sacrement, mais

sa dévotion envers la sainte Eucharistie
s'accrut au fur et à mesure qu'il avançait
en âge. C'était en entendant la messe
qu'il mûrissait chaque jour les projets
de sa vie charitable, et lorsque Dieu le
frappa dans ses plus chères affections,
c'est à la Table sainte qu'il fut verser,
puis étancher ses larmes.

« La fin véritable, le but de la com-
« munion, c'est d'alimenter l'union sanc-
« tifiante et vivifiante de notre âme avec
« Dieu; c'est d'entretenir et de fortifier
« en nous la vie spirituelle et intérieure;
« c'est de nous empêcher de défaillir
« dans le voyage et dans le combat de
« la vie et de perdre la sainteté que
« Dieu nous a donnée par le baptême et
« la confirmation. »

(Mgr DE SÉGUR.)

5*

« Vivez de telle sorte que vous puis-
« siez communier chaque jour. »

(S. Augustin.)

Il avait admirablement compris cette
doctrine. C'est après la mort de sa
deuxième petite fille, c'est-à-dire en 1867,
qu'il prit l'habitude de la communion
quotidienne. Il est mort le 17 mars 1887,
ce fut donc pendant vingt ans qu'il
chercha, chaque jour, par son union
intime avec Dieu dans la sainte Communion, les forces et les grâces nécessaires pour accomplir sa mission. Ne
cherchons point ailleurs la source de
ses vertus. Elle fut là et ne fut que là.
Cette vie si belle, si grande, si active,
serait incompréhensible sans cette communion quotidienne qui en est l'explication.

Ce fut sans doute devant le très saint

Sacrement qu'en 1870, au milieu de nos désastres, il eut la pensée de faire un vœu solennel pour le salut de la France et la délivrance de Paris. Plusieurs écrivains ont déjà raconté les origines du vœu fait à Poitiers par M. Legentil et qui s'est accompli par l'érection sur les buttes de Montmartre de cette basilique encore inachevée, qui sera un monument indestructible de foi, d'amour et d'espérance; voici le récit qu'en fait le témoin le plus autorisé de cette grande œuvre [1].

« Un lyonnais, M. Beluze, président
« du Cercle du Luxembourg, écrivait à
« la fin de novembre (1870) à M. Baudon,
« président général des Conférences de
« Saint-Vincent de Paul, pour lui pro-

1. *Souvenirs de 1870-71,* par M. ROHAULT DE FLEURY.

« poser de faire faire aux Parisiens, en
« faveur de leur ville, un vœu *à la*
« *sainte Vierge*, analogue à celui que
« les Lyonnais venaient de faire (ces
« derniers avaient, en effet, promis de
« rebâtir l'église de Fourvières si Lyon
« était préservé de l'invasion). L'idée
« sourit beaucoup à M. Baudon, qui,
« tout au commencement de décembre
« 1870 (le 8 décembre), en écrivit à
« M. Legentil, alors à Poitiers... M.
« Legentil, qui avait souvent médité
« cette pensée, trouva comme M. Baudon
« qu'un vœu fait par les Parisiens serait
« bien opportun, mais que ce vœu devait
« être fait au Sacré Cœur et non à la
« sainte Vierge. » C'est ainsi, en effet,
que la pensée d'Eugène Beluze fut
modifiée.

Je puis, du reste, apporter sur ce fait
un témoignage en quelque sorte per-

sonnnel. En 1887, quelques semaines après la mort d'Eugène Beluze, j'assistais ainsi que M. Legentil à une réunion du Conseil général de la société de Saint-Vincent de Paul. Plusieurs des membres de cette réunion s'adressèrent à moi, l'un des vieux amis d'Eugène Beluze et le témoin pendant vingt-cinq ans de sa vie charitable, pour me prier de faire revivre en quelques pages la mémoire de notre vénérable ami. Lorsque la séance fut terminée, M. Legentil me prit à part, et, insistant sur cette pensée d'une petite notice sur Eugène Beluze, me dit : « Vous savez que c'est lui « qui a eu la première idée de l'église « du Vœu National. » Je cite textuelle- ment les paroles de M. Legentil, parce qu'elles sont un témoignage irrécusable et qu'elles montrent clairement sous quelle influence il conçut le projet dont

il prit alors l'initiative. A ce moment
terrible, où tous les catholiques de
France tournaient leurs regards vers
Dieu et imploraient sa miséricorde,
Eugène Beluze eut la pensée de s'adresser
à la Mère de Dieu, sous le vocable de
Notre-Dame de la Délivrance, pour
obtenir le salut de Paris et de la France.
M. Legentil, qui avait sans doute pré-
sentes à la mémoire les magnifiques
promesses faites autrefois par Notre-
Seigneur à la Bienheureuse Marguerite-
Marie[1], préféra s'adresser directement au
Cœur sacré d'où vient toute miséricorde.

1. Au mois d'octobre 1870, le R. P. DE BOYLESVE
dans un petit écrit intitulé : *Le Triomphe national
de la France par le Sacré Cœur de Jésus,* rappelait
les révélations faites par Notre-Seigneur à la Bienheureuse Marguerite-Marie et à la Mère Marie de
Jésus. Il est possible que cette feuille soit tombée
entre les mains de M. Legentil et ait contribué à lui
faire substituer le vœu au Sacré Cœur, au vœu à
la sainte Vierge proposé par M. Beluze.

« Ce fut dans les murs du collège de
« Poitiers, que le Vœu National au Sacré
« Cœur de Jésus fut formulé pour la
« première fois. M. Legentil signa sur
« le prie-Dieu du R. P. Argand sa pre-
« mière promesse, puis, conseillé par lui,
« il alla trouver Mgr Pie pour lui demander
« son appui. »

Ainsi, quoiqu'il n'ait eu qu'une part
très indirecte à cette grande œuvre,
Eugène Beluze y participa cependant
dès le début, comme à toutes les œuvres,
si nombreuses à notre époque, dues à
l'initiative des laïques. Cela a été sans
doute une permission de la Providence
qu'il ne soit resté étranger à aucune
des œuvres auxquelles sa situation lui
permettait d'apporter son concours. N'est-
ce pas, du reste, la suprême récompense
ici-bas de ceux qui se dévouent au

service de Dieu? *Être accepté par Lui* comme un instrument pour le salut des âmes, en quelque sorte comme un collaborateur de sa grâce!... Et c'est seulement cet acquiescement divin, cette bénédiction d'en-haut qui donnent aux efforts des saints leur puissance et leur fécondité.

Eugène Beluze mérita cette récompense par la touchante fidélité de son amour envers Dieu. Il n'est point de ceux dont la vieillesse ou l'âge mûr ont eu à racheter, par une vie nouvelle, les écarts d'une jeunesse agitée. Ceux qui l'ont connu jeune, alors qu'il faisait ses études de droit, l'ont vu à cette époque tel qu'il était encore le jour où la Providence le jugea mûr pour le ciel. Son caractère, ses convictions, sa volonté ne s'étaient pas modifiés, et lorsqu'il s'agissait de travailler à la gloire de Dieu, il avait encore l'ardeur et l'enthousiasme de ses vingt ans. Dans l'admirable unité de sa vie, l'observateur le plus méticuleux ne pourrait trouver d'autres changements que ceux apportés par la maturité de l'âge et l'expérience acquise. Un seul mot peut résumer toute cette existence : L'amour de Dieu!

Mon Dieu, je vous aime de tout mon cœur et par dessus toutes choses, et j'aime mon prochain comme moi-même pour l'amour de vous!

FIN

TABLE

—·—

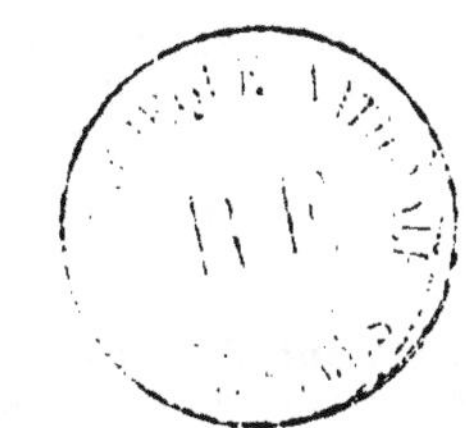

Paris. — Imp. DEVALOIS, avenue du Maine, 144.

OUVRAGES DE MGR F. LAGRANGE

ÉVÊQUE DE CHARTRES

Vie de Mgr Dupanloup, évêque d'Orléans, membre de l'Académie française. 4e édition. 3 volumes in-8°, avec 2 portraits... **22 fr. 50**
— LA MÊME. 6e édition. 3 volumes in-18 jésus............................... **10 fr. 50**

Histoire de saint Paulin de Nole. 2e édition. 2 volumes in-18 jésus, avec gravure, plan et vue.. **6 fr. »**

Histoire de sainte Paule. 5e édition. Beau vol. in-8° avec gravure.......... **7 fr. 50**
— LA MÊME. 6e édition. In-18 jésus...................................... **4 fr. »**

Lettres choisies de saint Jérôme. Nouvelle traduction française avec le texte en notes. 4e édition. In-18 jésus.. **4 fr. »**

OUVRAGES DE MGR BAUNARD

RECTEUR DES FACULTÉS CATHOLIQUES DE LILLE

Le Général de Sonis, d'après ses papiers et sa correspondance. 39e édition revue et augmentée d'un appendice sur les opérations militaires du 17e Corps de l'armée de la Loire durant le commandement du général de Sonis et répondant à diverses attaques. In-8° écu avec portrait... **4 fr. »**
Franco .... **4 fr. 80**

Le Cardinal Lavigerie. Oraison funèbre prononcée à Lille en l'église Notre-Dame de la Treille, le 7 décembre 1892. In-8° écu................................... **1 fr. »**

Dieu dans l'Ecole.
Tome I. *Le Collège Saint-Joseph de Lille* (1881-1888). Discours, notices et souvenirs. 2e édition. In-8° écu... **5 fr. »**
Tome II. *Le Collège chrétien.* Instructions dominicales : Les Autorités de l'Ecole. La Journée de l'Ecole. L'Ecole et la Famille. 2e édition. In-8° écu........... **5 fr. »**
Tome III. *Le Collège chrétien.* Instructions dominicales : L'Ame de l'Ecole. L'Œuvre de l'Ecole. La sortie de l'Ecole. In-8° écu................................ **5 fr. »**

Espérance. Un réveil de l'idée religieuse en France. 2e édition revue et augmentée. In-18 jésus.. **2 fr. 50**

Le Livre de la Première Communion et de la Persévérance. Edition de luxe, plié en portefeuille ou broché. Grand in-16 carré........................... **8 fr. »**
— LE MÊME OUVRAGE, édition ordinaire. 5e édition. Grand in-32 carré.......... **3 fr. »**

Le Doute et ses victimes dans le siècle présent. 8e édition. In-18 jésus.... **3 fr. 75**

La Foi et ses victoires. Conférences sur les plus illustres convertis de ce siècle.
Tome I. In-8°. 4e édition....... **6 fr.** — In-18 jésus. 6e édition......... **3 fr. 75**
Tome II. In-8°............... **6 fr.** — In-18 jésus. 4e édition......... **3 fr. 75**

L'Apôtre saint Jean. 5e édition. In-18 jésus avec gravure.................. **4 fr. »**

Histoire de saint Ambroise. 2e édition. Beau volume in-8° avec portrait et plan de Milan au IVe siècle... **7 fr. 50**

Histoire de la vénérable mère M.-S. Barat, fondatrice de la Société du Sacré-Cœur. 3e édition. 2 forts volumes in-8° avec portrait. *Prix net*................ **10 fr. 50**
Franco... **12 fr. 50**
— LE MÊME OUVRAGE. 6e édition. 2 volumes in-18 jésus................ **5 fr. »**

Histoire de Madame Duchesne, fondatrice de la Société des Religieuses du Sacré-Cœur en Amérique. In-8° avec autographe et carte...................... **6 fr. 25**
— LE MÊME OUVRAGE. 2e édition. In-18 jésus.......................... **3 fr. »**

Le Vicomte Armand de Melun. In-8° avec portrait...................... **8 fr. »**

Histoire du cardinal Pie. 5e édition. 2 volumes in-8° avec 2 portraits. (*Sous presse.*)

Panégyrique de sainte Thérèse, prononcé le 15 octobre 1886. In-8°....... **75 c.**

ŒUVRES COMPLÈTES DU R. P. LACORDAIRE

Précédées d'une notice sur sa vie

9 vol. in-8°. 50 fr. — Les mêmes, 9 vol. in-18 jésus. 30 fr.

On vend séparément :

Vie de saint Dominique. In-18 jésus avec portrait..................... 3 fr. »
Conférences prêchées à Paris (1825-1851) et à Toulouse. 5 volumes in-18 jésus. (Tomes II à VI des Œuvres)................................. 20 fr. »
Œuvres philosophiques et politiques. In-18 jésus.................... 3 fr. »
Notices et panégyriques. In-18 jésus............................ 3 fr. »
Mélanges. In-18 jésus.. 3 fr. »
Notice sur le P. Lacordaire. In-18 jésus....................... 50 c.
Vie de saint Dominique, illustrée d'après le P. Besson. In-8° raisin........ 12 fr. 50
Lettres à un jeune homme. 9° édition. Joli volume in-32 encadré......... 1 fr. 25
Sainte Marie-Madeleine. 10° édition. Joli volume in-32 encadré........... 1 fr. 25

ŒUVRES POSTHUMES DU R. P. LACORDAIRE

Lettres à Madame la Baronne de Prailly. In-8°...................... 7 fr. »
— Le même ouvrage. In-18 jésus................................. 3 fr. 75
Lettres à M. Th. Foisset. 2 volumes in-8°........................ 12 fr. 50
Lettres inédites. In-8°.. 7 fr. »
Sermons, Instructions et Allocutions. Notices, Textes, Fragments, Analyses.
— Tome I. *Sermons* (1825-1849). In-8°........................... 7 fr. »
— Tome II. *Sermons* (1850-1856). *Instructions* données à l'Ecole de Sorèze (1854-1861). In-8°... 7 fr. »
— Tome III. *Allocutions.* In-8°.................................. 6 fr. »
— Le même ouvrage. Tome I. 3° édition. In-18 jésus................... 3 fr. 75
— Tome II. 3° édition. In-18 jésus............................... 3 fr. 75
— Tome III. In-18 jésus.. 3 fr. 50

CONFÉRENCES	ŒUVRES
DU	DE
R. P. DE RAVIGNAN	**M. AUGUSTE NICOLAS**
4° édition.	13 volumes in-8°....... 77 fr.
4 volumes in-18 jésus. 12 fr. 50	11 volumes in-18 jésus. 40 fr.

LE CARDINAL LAVIGERIE
ET SES ŒUVRES D'AFRIQUE
PAR M. L'ABBÉ FÉLIX KLEIN

3° édition revue et mise à jour. In-18 jésus .... 3 fr. 50

GÉOGRAPHIE DE L'AFRIQUE CHRÉTIENNE
PAR Mgr TOULOTTE

DE LA SOCIÉTÉ DES PÈRES BLANCS, VICAIRE APOSTOLIQUE DU SAHARA

In-8° avec carte................ 4 fr.

HISTOIRE DE LA VIE ET DES ŒUVRES
DE MGR DARBOY, ARCHEVÊQUE DE PARIS
Par S. Em. le Cardinal FOULON
ARCHEVÊQUE DE LYON

Un volume in-8° avec portrait et autographe. 7 fr. 50
Exemplaires sur papier de Hollande, portrait avant la lettre et autographe... **20 fr.**

MGR DE MAZENOD
ÉVÊQUE DE MARSEILLE
FONDATEUR

DE LA CONGRÉGATION DES MISSIONNAIRES OBLATS DE MARIE-IMMACULÉE (1782-1861)

PAR MONSEIGNEUR RICARD, PRÉLAT DE LA MAISON DE SA SAINTETÉ

2e édition. In-8° écu avec 2 portraits. 5 fr.

DISCOURS DU COMTE ALBERT DE MUN
DÉPUTÉ DU MORBIHAN

ACCOMPAGNÉS DE NOTICES PAR CH. GEOFFROY DE GRANDMAISON

Questions sociales. In-8°......... 7 fr. 50 — In-18 jésus............... **4 fr. »**
Discours politiques. 2 vol. in-8°.... 15 fr. » — 2 vol. in-18 jésus.......... **8 fr. »**

VIE DE MGR A. JAQUEMET
ÉVÊQUE DE NANTES
PAR M. L'ABBÉ VICTOR MARTIN
PROFESSEUR AUX FACULTÉS CATHOLIQUES D'ANGERS

PRÉCÉDÉE DE LETTRES DE S. EM. LE CARDINAL RICHARD, ARCHEVÊQUE DE PARIS
ET DE LL. GG. MGR LECOQ, ÉVÊQUE DE NANTES ET MGR LABORDE, ÉVÊQUE DE BLOIS

In-8° avec portrait...... 7 fr. 50

COURS D'INSTRUCTION RELIGIEUSE
A L'USAGE DES CATÉCHISMES DE PERSÉVÉRANCE
DES MAISONS D'ÉDUCATION ET DES PERSONNES DU MONDE
Par Monseigneur E. CAULY
VICAIRE GÉNÉRAL DE REIMS

Ouvrage honoré d'un bref de Sa Sainteté Léon XIII
Et approuvé par Son Em. le Cardinal Langénieux, Archevêque de Reims

I. **Le Catéchisme expliqué.** 11e édition. In-18 jésus....................... 3 fr. 75
II. **Histoire de la Religion et de l'Eglise.** 3e édit. In-18 jésus............ 4 fr. »
III. **Recherche de la vraie religion.** 4e édition. In-18 jésus............... 3 fr. »
IV. **Apologétique chrétienne.** 3e édition. In-18 jésus.................... 3 fr. »

LES APOTRES
OU HISTOIRE DE L'ÉGLISE PRIMITIVE
PAR MONSEIGNEUR DRIOUX
VICAIRE GÉNÉRAL, CHANOINE HONORAIRE DE LANGRES, DOCTEUR EN THÉOLOGIE, ETC.

Ouvrage honoré de plusieurs approbations épiscopales
Fort volume in-8°....... 7 fr. 50

LA SAINTE VIERGE
ÉTUDES ARCHÉOLOGIQUES ET ICONOGRAPHIQUES
PAR M. CH. ROHAULT DE FLEURY
AUTEUR DU MÉMOIRE SUR LES INSTRUMENTS DE LA PASSION

Deux splendides volumes in-4°, imprimés avec luxe sur très beau papier de Hollande, ornés de 157 magnifiques planches gravées et de 600 sujets dans le texte.. **100 fr.**

LES CARACTÉRISTIQUES DES SAINTS
DANS L'ART POPULAIRE
ENUMÉRÉES ET EXPLIQUÉES PAR LE P. CH. CAHIER, DE LA Cⁱᵉ DE JÉSUS

2 vol. gr. in-4°, ornés de nombreuses gravures sur bois. *Net.* 64 fr.

COURS D'ARCHÉOLOGIE RELIGIEUSE
PAR M. L'ABBÉ J. MALLET

Architecture. In-8°, 5ᵉ édition avec 255 figures dans le texte.................. **4 fr.**
Le Mobilier. In-8°, 2ᵉ édition avec 130 figures dans le texte.................. **4 fr.**

MARTYROLOGE ROMAIN
TRADUCTION DE L'ÉDITION LA PLUS RÉCENTE
APPROUVÉE PAR LA SACRÉE CONGRÉGATION DES RITES EN 1873
PUBLIÉE AVEC L'APPROBATION DE L'ORDINAIRE
Un beau volume in-8°.... 6 fr.

LES HYMNES DU BRÉVIAIRE ROMAIN
ÉTUDES CRITIQUES LITTÉRAIRES ET MYSTIQUES
PAR M. L'ABBÉ S.-G. PIMONT

Hymnes dominicales et fériales du Psautier. In-8° raisin............... **7 fr. 50**
Hymnes du temps. (Carême, Passion, Temps de Pâques, Ascension, Pentecôte, Trinité, Saint-Sacrement). In-8° raisin....................................... **5 fr.** »

CHANTS DE LA SAINTE-CHAPELLE
ET CHOIX DES PRINCIPALES SÉQUENCES DU MOYEN-AGE
PAR M. FÉLIX CLÉMENT

4ᵉ édition. In-8° jésus............... 5 fr.

LA MAISON DES CARMES
(1610-1875)
PAR M. L'ABBÉ PISANI
PROFESSEUR A L'INSTITUT CATHOLIQUE DE PARIS

Joli volume in-18 avec plan......................... 1 fr. 25

Centenaire célébré à l'église des Carmes en l'honneur des victimes de Septembre 1792. Compte rendu des cérémonies du Triduum : Discours prononcés par Mgr DE CABRIÈRES, évêque de Montpellier, M. l'abbé SICARD, du clergé de Paris et Mgr D'HULST, recteur de l'Institut catholique de Paris. In-8°... 1 fr. 50

VIE
DE LA VÉNÉRABLE MÈRE MARGUERITE-MARIE

PAR MGR JEAN-JOSEPH LANGUET

NOUVELLE ÉDITION

PAR M. L'ABBÉ L. GAUTHEY, VICAIRE GÉNÉRAL D'AUTUN

PRÉCÉDÉE D'UNE ÉPITRE DÉDICATOIRE A SA SAINTETÉ LÉON XIII
PAR MGR PERRAUD, ÉVÊQUE D'AUTUN

In-8° raisin, avec portrait et autographes............................ **10 fr.**
Edition ordinaire, in-18 jésus.. **4 fr.**

HISTOIRE DU P. CLAUDE DE LA COLOMBIÈRE
PAR LE P. E. SEGUIN

2° édition. In-18 jésus avec portrait....... 3 fr. 50

VIES DE QUATRE DES PREMIÈRES MÈRES DE LA VISITATION
PAR LA R. MÈRE DE CHAUGY

REPRODUCTION INTÉGRALE DE L'ÉDITION DE 1659, ENRICHIE D'EXTRAITS INÉDITS
DES MANUSCRITS ORIGINAUX

PUBLIÉE PAR LES SOINS DES RELIGIEUSES DE LA VISITATION D'ANNECY

In-8° écu.................................. 5 fr.

VIE DU R. P. BARRÉ

FONDATEUR DE L'INSTITUT DES ÉCOLES CHARITABLES DU SAINT-ENFANT-JÉSUS
DIT DE SAINT-MAUR

Origine et progrès de cet Institut (1602-1700)

Par le R. P. HENRI DE GRÈZES, capucin

In-8° avec 2 portraits.................. 4 fr.

SAINT ANTOINE	SAINT GRÉGOIRE
LE GRAND	DE NAZIANZE
PATRIARCHE DES CÉNOBITES	SA VIE, SES ŒUVRES ET SON ÉPOQUE
PAR M. L'ABBÉ VERGER	PAR M. L'ABBÉ BENOIT
In-8° écu.............. 4 fr.	2° édition. 2 vol. in-18 jésus. 7 fr.

VIE DE SAINT PAUL

PAR M. L'ABBÉ VIX, DOCTEUR EN THÉOLOGIE, DU DIOCÈSE DE STRASBOURG

Un beau volume in-8° raisin............. 7 fr. 50

SAINTE MARCELLE	SAINT HILAIRE
LA VIE RELIGIEUSE	ÉVÊQUE DE POITIERS
CHEZ LES PATRICIENNES DE ROME	DOCTEUR ET PÈRE DE L'ÉGLISE
AU IV° SIÈCLE	PAR M. L'ABBÉ P. BARBIER
PAR M. L'ABBÉ L. PAUTHE	DU DIOCÈSE D'ORLÉANS
2° édition. In-18 jésus...... 4 fr.	In-18 jésus............. 3 fr. 75

ELIZABETH SETON
ET LES COMMENCEMENTS DE L'ÉGLISE CATHOLIQUE AUX ÉTATS-UNIS
PAR MADAME DE BARBEREY
5ᵉ édition. 2 volumes in-18 jésus, avec portrait. 5 fr.

CHRISTOPHE COLOMB	GLORIFICATION RELIGIEUSE
D'APRÈS LES TRAVAUX HISTORIQUES DU COMTE ROSELLY DE LORGUES	DE
	CHRISTOPHE COLOMB
PAR M. L'ABBÉ LYONS	PAR M. L'ABBÉ CASABIANCA
AUMONIER DES RELIGIEUSES DU S.-SACREMENT A NICE	SECOND VICAIRE DE S.-FERDINAND-DES-TERNES A PARIS
In-8º écu............ 4 fr.	In-12.......... 2 fr. 50

Sᵀᴱ JEANNE DE FRANCE	Sᵀᴱ JEANNE DE VALOIS
(1464-1505)	ET
DUCHESSE D'ORLÉANS ET DE BERRY	L'ORDRE DE L'ANNONCIADE
PAR MGR HÉBRARD	PAR MGR HÉBRARD
In-8º écu............. 5 fr.	In-12................ 4 fr.

HISTOIRE DE Mˡˡᴱ LE GRAS
FONDATRICE DES FILLES DE LA CHARITÉ
PAR MADAME LA COMTESSE DE RICHEMOND
PRÉCÉDÉE DE LETTRES DE MGR MERMILLOD ET DU SUPÉRIEUR DES PRÊTRES DE LA MISSION
4ᵉ édition. In-18 jésus. 3 fr. 50. — In-8º......... 7 fr. 50

HISTOIRE DE SAINTE ANGÈLE MÉRICI
ET DE TOUT L'ORDRE DES URSULINES, DEPUIS SA FONDATION JUSQU'A NOS JOURS
PAR M. L'ABBÉ V. POSTEL
2 beaux volumes in-8º, avec portrait......... 15 fr.

HISTOIRE DE LA VÉNÉRABLE MÈRE MARIE DE L'INCARNATION
PREMIÈRE SUPÉRIEURE DU MONASTÈRE DES URSULINES DE QUÉBEC
D'APRÈS DOM CLAUDE MARTIN, SON FILS
Ouvrage entièrement remanié, complété à l'aide de plusieurs autres historiens et de nouveaux documents
PRÉCÉDÉ D'UNE INTRODUCTION GÉNÉRALE PAR M. L'ABBÉ LÉON CHAPOT
AUMÔNIER DU MONASTÈRE DE SAINTE-URSULE DE NICE
2 vol. in-8º écu, avec 2 portraits................. 8 fr.

VIE DE M. LE PREVOST
FONDATEUR DE LA CONGRÉGATION DES FRÈRES DE SAINT-VINCENT DE PAUL
PRÉCÉDÉE D'UNE LETTRE DE MGR GAY, ÉVÊQUE D'ANTHÉDON
In-8º orné de 3 portraits..... 6 fr.

VIE DE FRÉDÉRIC OZANAM
PAR SON FRÈRE C.-A. OZANAM
3ᵉ édition. In-18 jésus............................. 4 fr.

OUVRAGES DE M. LE VICOMTE DE MELUN
Vie de la Sœur Rosalie, fille de la charité. 8ᵉ édition. In-8º avec portrait... 6 fr. »
10ᵉ édition. In-18 jésus avec portrait.. 1 fr. 50
Vie de Mademoiselle de Melun. In-8º avec portrait...................... 6 fr. »
La Marquise de Barol, sa vie et ses œuvres, suivi d'une notice sur Silvio Pellico. In-8º avec portrait............. 6 fr. — In-18 jésus avec portrait............. 2 fr. 50

LE R. P. H.-D. LACORDAIRE
SA VIE INTIME ET RELIGIEUSE
Par le R. P. CHOCARNE, des Frères Prêcheurs
5e édit. 2 vol. in-8o, portrait. 10 fr. — 7e édit. 2 vol. in-18 jésus.... 5 fr.

VIE DU RÉV^{me} PÈRE A.-V. JANDEL
SOIXANTE-TREIZIÈME MAITRE GÉNÉRAL DE L'ORDRE DES FRÈRES PRÊCHEURS
Par le R. P. CORMIER
2e édition revue. Beau volume in-8o avec portrait. 5 fr.

HISTOIRE DE SAINT ALPHONSE DE LIGUORI
PRÉCÉDÉE D'UNE LETTRE DE S. G. MGR L'EVÊQUE D'ORLÉANS
2e édition. In-8o avec portrait..................................... 7 fr. 50

SAINT FRANÇOIS D'ASSISE
Par le R. P. Léopold de CHÉRANCÉ
6e édition. In-18 jésus avec portrait.................... 2 fr. 50

Marquis Anatole de SEGUR

HISTOIRE POPULAIRE DE S. FRANÇOIS D'ASSISE	LE POÈME DE S. FRANÇOIS
5e édition. In-18 raisin. 1 fr. 25	5e édition. In-18 raisin. 1 fr. 30
	Edition de luxe, photographie. 2 fr. 50

VIE DE LA VÉNÉRABLE MÈRE AGNÈS DE JÉSUS
Par M. de LANTAGES
EDITION REVUE ET AUGMENTÉE PAR M. L'ABBÉ LUCOT
2 volumes in-8o avec portrait, gravures et autographe.............. 12 fr. 50

VIE DU VÉNÉRABLE PÈRE LIBERMANN
PREMIER SUPÉRIEUR GÉNÉRAL DE LA CONGRÉGATION DU SAINT-ESPRIT ET DU SAINT-CŒUR DE MARIE
Par S. Em. le Cardinal PITRA
3e édition. In-8o... 8 fr. — 4e édition. In-18 jésus. 4 fr.

LETTRES SPIRITUELLES DU V. P. LIBERMANN	ÉCRITS SPIRITUELS DU V. P. LIBERMANN
2e édit. 3 vol. in-12. 10 fr.	In-18 jésus.... 3 fr. 50

VIE DE SAINT PHILIPPE NÉRI
Par S. E. le Cardinal CAPECELATRO
TRADUITE SUR LA SECONDE ÉDITION PAR LE P. PIERRE HENRI BEZIN PRÊTRE DE L'ORATOIRE
2 volumes in-18 jésus.......... 8 fr.

La conversion d'un maréchal de France (Pages intimes). Précédée d'une préface de Mgr FAVA, évêque de Grenoble, et suivie d'un discours de M. l'abbé J. LÉMANN. In-12 illustré... **2 fr.**

OUVRAGES DU R. P. TH. RATISBONNE

NOUVEAU MANUEL DES MÈRES CHRÉTIENNES
16e édition. In-18 raisin... 2 fr. 50

HISTOIRE DE SAINT BERNARD ET DE SON SIÈCLE
6e édition. 2 vol. in-8° raisin..................................... 12 fr.
LA MÊME, 10e édition. 2 vol. in-18 jésus..................... 6 fr.

LES QUATRE ÉVANGILES
**Traduction de LEMAISTRE DE SACY, corrigée, avec une introduction,
des notes, un index et une carte de la Palestine**
PAR M. L'ABBÉ VERRET
PROFESSEUR DE PHILOSOPHIE A L'INSTITUTION NOTRE-DAME DE CHARTRES
In-18 jésus illustré..............

MONSIEUR FRÈRE	L'ABBÉ HETSCH
ET FÉLIX DUPANLOUP	PAR L'AUTEUR DES
PAR M. L'ABBÉ DAIX	*Derniers jours de Mgr Dupanloup*
In-18 jésus............. 3 fr.	In-8°.............. 7 fr.

HISTOIRE DU P. DE CLORIVIÈRE
DE LA COMPAGNIE DE JÉSUS
Par le P. JACQUES TERRIEN, de la même Compagnie
In-8° écu, avec gravure........ 5 fr.

ALBÉRIC DE FORESTA
FONDATEUR DES ÉCOLES APOSTOLIQUES
SA VIE, SES VERTUS ET SON ŒUVRE
PAR LE R. P. DE CHAZOURNES
3e édit. In-18 jésus... 3 fr. — LE MÊME OUVRAGE, avec portrait... 3 fr. 50

ŒUVRES CHOISIES
DE
Mgr ROVÉRIÉ DE CABRIÈRES
ÉVÊQUE DE MONTPELLIER
In-8°................................... 6 fr.

Vie du Vénérable Frère Jean de Saint-Samson, religieux carme, par le P. SERNIN
MARIE DE SAINT-ANDRÉ, carme déchaussé. In-8° raisin, avec portrait........ 7 fr. 50
Vie de saint Vincent de Paul, par L. ABELLY, évêque de Rodez. Nouvelle édition.
2 volumes in-12 avec gravures....................................... 6 fr. »
Castelli (Le vénérable serviteur de Dieu, François-Marie, Clerc profès barnabite, par le
R. P. L. M. FERRARI. In-18 jésus avec portrait..................... 2 fr. »
Légende des trois Compagnons : La vie de saint François d'Assise racontée par les
frères Léon, Ange et Rufin, ses disciples. Traduite pour la première fois du latin avec
une introduction de M. l'abbé HUVELIN. In-18............................. 1 fr. »
Vie du P. Chérubin de Maurienne, de l'Ordre des Frères Mineurs Capucins, par M.
l'abbé TRUCHET. In-8° raisin, avec portrait.............................. 6 fr. »
Vie intérieure du Frère Marie-Raphaël Meysson, diacre, de l'Ordre des FF.
Prêcheurs, par le R. P. PIE BERNARD. 2e édition. In-12..................... 3 fr. »

VIE DE M. OLIER
FONDATEUR DE LA COMPAGNIE ET DU SÉMINAIRE SAINT-SULPICE
PAR M. FAILLON, PRÊTRE DE LA MÊME COMPAGNIE

3 volumes in-8° raisin. 4ᵉ édition, avec 30 gravures.............. 22 fr. 50

ŒUVRES SPIRITUELLES DE M. OLIER

Catéchisme chrétien pour la vie inté-rieure. Édition conforme aux éditions pri-mitives. In-32 raisin. .... 75 c.

Esprit d'un directeur des âmes (L'). In-32 raisin......................... 70 c.

Explication des cérémonies de la grand'messe de paroisse, selon l'u-sage romain. In-32 raisin...... 1 fr. 25

Introduction à la vie et aux vertus chrétiennes. Nouvelle édition. In-32 rai-sin .... 1 fr. »

Journée chrétienne (La). Nouvelle édi-tion corrigée et augmentée. In-32 rai-sin.......................... 1 fr. »

Lettres spirituelles. Nouvelle édition. 2 volumes in-32 raisin.......... 2 fr. 50

VIE INTÉRIEURE DE LA TRÈS SAINTE VIERGE
OUVRAGE RECUEILLI DES ÉCRITS DE M. OLIER
Avec approbation de Son Em. le Cardinal Guibert, Archevêque de Paris
2ᵉ édition. In-12......... 3 fr.

MÉDITATIONS SUR LES PRINCIPALES OBLIGATIONS
DE LA VIE CHRÉTIENNE ET ECCLÉSIASTIQUE
PAR M. L'ABBÉ CHENART
NOUVELLE ÉDITION REVUE PAR UN MEMBRE DE LA COMPAGNIE DE ST-SULPICE
2 volumes in-18................ 3 fr.

VIE
DE M. DE COURSON
12ᵉ SUPÉRIEUR DU SÉMINAIRE
ET DE LA COMPAGNIE DE SAINT-SULPICE

In-18 jésus avec portrait. 4 fr.

M. TEYSSEYRRE
FONDATEUR DE LA COMMUNAUTÉ
DES CLERCS DE SAINT-SULPICE
PAR M. L'ABBÉ PAGUELLE DE FOLLENAY

In-18 jésus avec portrait. 4 fr.

De la Crèche au Calvaire. Méditations d'après saint Bonaventure et saint Ignace, avec une introduction par Mgr D'HULST. In-18 raisin..................... 3 fr. »

Résurrection (De la) à l'Ascension et du Cénacle à Rome. Méditations avec une introduction par Mgr D'HULST. In-18 raisin................................. 4 fr. »

Le Chemin de Croix des Enfants, précédé d'une lettre de Mgr D'HULST. 2ᵉ édition. In-18 avec gravures, relié toile de couleur, ornements en noir............... 25 c.
Le cent....................................Net..... 20 fr. »

OUVRAGES DE M. L'ABBÉ VERNIOLLES

LES RÉCITS BIBLIQUES
ET LEURS
BEAUTÉS LITTÉRAIRES
2ᵉ édition. In-12............. 3 fr.

LES RÉCITS ÉVANGÉLIQUES
ET LEURS
BEAUTÉS LITTÉRAIRES
In-12..................... 3 fr.

Notre Religion, par M. l'abbé H. DELOR, curé de Saint-Pierre, à Limoges, approuvée par plusieurs Archevêques et Evêques. In-8°............................... 4 fr.

LES FRÈRES DES ÉCOLES CHRÉTIENNES
Et l'Enseignement primaire après la Révolution (1797-1830)
PAR M. ALEXIS CHEVALIER
In-8°.. 6 fr.

VIE	VIE
DU B. J.-B. DE LA SALLE	**DU B. J.-B. DE LA SALLE**
PAR M. ABEL GAVEAU, *prêtre*	PAR M. LE CHANOINE BLAIN
3e édition. In-8° illustré. 1 fr. 50	Fort volume in-8°..... 7 fr. 50

ENCYCLOPÉDIE POPULAIRE
PUBLIÉE SOUS LA DIRECTION DE M. PIERRE CONIL
Fort volume in-8° jésus de 2,300 pages à 2 colonnes

Broché en 2 volumes............	35 fr.	Relié 1/2 chagrin, tranche jaspée....	45 fr.
Relié toile chagrinée, tr. jaspée....	40 fr.	Relié en 2 volumes 1/2 chagrin	
Relié en 2 v. toile chag., tr. jasp....	42 fr.	tranche jaspée.................	50 fr.

MANUEL DES ŒUVRES
INSTITUTIONS RELIGIEUSES ET CHARITABLES DE PARIS
ET PRINCIPAUX ÉTABLISSEMENTS DES DÉPARTEMENTS
POUVANT RECEVOIR DES ORPHELINS, DES INDIGENTS ET DES MALADES DE PARIS
In-18 jésus...... 4 fr. — Relié Bradel.... 4 fr. 50

Mgr PERRAUD
ÉVÊQUE D'AUTUN, MEMBRE DE L'ACADÉMIE FRANÇAISE

LA	QUELQUES RÉFLEXIONS
DISCUSSION CONCORDATAIRE	Au sujet de l'Encyclique du 16 Février 1892
AU SÉNAT ET A LA CHAMBRE DES DÉPUTÉS	ADRESSÉE A LA FRANCE
Les 9, 11 et 12 Décembre 1891	PRÉCÉDÉES DU TEXTE DE L'ENCYCLIQUE
2e édition. In-12..... 1 fr.	In-12................. 1 fr.

LE GOUVERNEMENT DE L'ÉGLISE
Ou PRINCIPES DU DROIT ECCLÉSIASTIQUE
EXPOSÉS AUX GENS DU MONDE
PAR M. L'ABBÉ P.-A. LAFARGE
Droit Public. In-8°.. 7 fr. 50

Pensées choisies du R. P. Lacordaire, extraites de ses œuvres et publiées sous la direction du R. P. CHOCARNE. 7e édition. 2 vol. in-32 encadré............ 3 fr. »

Lectures pour chaque jour, extraites des écrits des saints et des bienheureux sous la direction du R. P. CHOCARNE, des FF. Prêcheurs. 2 vol. in-32 jésus........... 5 fr. »

Essai sur les missions dans les pays catholiques. Leur histoire, leur utilité, les diverses méthodes à employer et les devoirs des Missionnaires, par le R. P. DELPEUCH. In-18 jésus... 1 fr. 50

Saint Luc, patron des anciennes Facultés de médecine, par le Docteur DAUCHEZ. In-8° illustré.. 1 fr. 50

Encyclique du 8 décembre 1864 et les principes de 1789 (L') ou l'Eglise, l'Etat et la Liberté, par M. Emile KELLER, député. 2e édition. In-18 jésus......... 3 fr. »

Eglise (L') et le Droit romain. Etudes historiques par M. C. DE MONLÉON. In-12. 3 fr. »

Esprit et vertus du B. Jean-Baptiste de La Salle. In-12........ 3 fr. 50

IMITATION DE JÉSUS-CHRIST

TRADUCTION INÉDITE DU XVII° SIÈCLE

PUBLIÉE PAR AD. HATZFELD

Un volume in-8° raisin, papier glacé avec gravures...................... 20 fr.
LE MÊME OUVRAGE, in-8° jésus, édition de luxe.   30 fr.

LA MÊME TRADUCTION, sans le texte latin, avec des réflexions tirées
des œuvres de Bourdaloue. Gros in-32 raisin avec gravure. 1 fr. 50

DE LA BÉNÉDICTION A TRAVERS LES TEMPS

ÉLÉVATIONS SUR LES BIENFAITS DE DIEU

PAR MICHEL LOUENEAU

*Ouvrage approuvé par S. Em. le Cardinal-Archevêque de Paris
et NN. SS. les Evêques de Nantes et d'Anthédon*

In-18 raisin............ 3 fr. 50

VIE CHRÉTIENNE D'UNE DAME DANS LE MONDE

PAR LE R. P. DE RAVIGNAN

4° édition. In-12.......... . ... 3 fr.

EXERCICES SPIRITUELS DE SAINT IGNACE

TRADUITS PAR LE R. P. PIERRE JENNESSEAUX, S. J.

13° édition. In-12.. 3 fr.

MÉDITATIONS	RETRAITE SPIRITUELLE
SELON LA MÉTHODE DE SAINT IGNACE	SELON LE MÉTHODE DE SAINT IGNACE
SUR LES PRINCIPAUX MYSTÈRES DE LA TRÈS SAINTE VIERGE ET POUR LES FÊTES DES SAINTS	PAR LES PP. R. DEBROSSE ET H. AUGRY
9° édition. In-12. 2 fr.	5° édition. In-12 en feuillets détachés et sous bande. 3 fr.

COURTES MÉDITATIONS

POUR TOUS LES JOURS DE L'ANNÉE

PAR LE P. PAUL GABRIEL ANTOINE, S. J.

PUBLIÉES PAR LE P. AUBERT, DE LA MÊME COMPAGNIE

4° édition. In-18 raisin. 2 fr.

TRAITÉ DE L'AMOUR DE DIEU

DE SAINT FRANÇOIS DE SALES

EDITION REVUE ET PUBLIÉE PAR LE P. MARCEL BOUIX

Très beau volume in-8° jésus, avec gravure............................ 12 fr.

PAROLES DE N.-S. JÉSUS-CHRIST

D'APRÈS LA LETTRE DES SAINTS ÉVANGILES

MIS EN CONCORDANCE SUIVANT L'ORDRE DES FAITS AVEC DES NOTES DIVERSES

PAR E. PERROT DE CHEZELLES

In-18 jésus........................ 4 fr.

L'Ami du Prêtre. Entretiens sur la dignité, les devoirs et les consolations du Sacer-
doce, par M. l'abbé Rouzaud, chanoine de Toulouse. In-18 jésus.............. 3 fr.

MÉDITATIONS SUR TOUS LES ÉVANGILES
DU CARÊME ET DE LA SEMAINE DE PAQUES
PAR LE R. P. PÉTETOT, SUPÉRIEUR GÉNÉRAL DE L'ORATOIRE
PRÉCÉDÉES D'UNE NOTICE BIOGRAPHIQUE SUR L'AUTEUR, PAR LE P. LESCŒUR

Fort volume in-18 jésus..................... 4 fr.

ANNÉE FRANCISCAINE
OU COURTES MÉDITATIONS SUR L'ÉVANGILE
A L'USAGE DES TERTIAIRES DE SAINT FRANÇOIS
2 forts volumes in-12. 8 fr.

COURTES MÉDITATIONS ASCÉTIQUES
POUR TOUS LES JOURS DE L'ANNÉE
PAR LE R. P. JOSEPH DE DREUX, DES FRÈRES MINEURS CAPUCINS
OUVRAGE INÉDIT DU XVII° SIÈCLE, REVU ET PUBLIÉ

PAR LE R. P. SALVATOR DE BOIS-HUBERT, CAPUCIN

In-18 jésus. 2 fr. 50

OEUVRES COMPLÈTES
DU P. AMBROISE DE LOMBEZ
RECUEILLIES ET PUBLIÉES PAR LE P. FRANÇOIS DE BÉNÉJAC

Traité de la Paix intérieure. In-12 avec portrait......................... **1 fr. 50**
Lettres spirituelles. In-12 avec gravure................................. **1 fr. 50**
Traité de la joie de l'âme chrétienne. In-12 avec gravure............... **1 fr. 50**

LES MÉDITATIONS DE LA VIE DU CHRIST
PAR SAINT BONAVENTURE
TRADUITES PAR M. H. DE RIANCEY
7e édition. In-18 raisin..................... 3 fr.

MÉDITATIONS POUR TOUS LES JOURS DE L'ANNÉE
PAR M. L'ABBÉ D. BOUIX, DOCTEUR EN THÉOLOGIE
4 volumes in-12.... 10 fr.

Offices de l'Eglise, complets. expliqués et annotés, suivis de prières tirées des œuvres de saint Augustin, sainte Thérèse, saint François de Sales, Bossuet, Fénelon, etc., par Madame DE BARBEREY. 6e édition. Gros in-32 jésus................. 4 fr. »

Petits Offices en français, précédés d'une courte méthode pour entendre la sainte Messe les jours de communion : dédiés aux jeunes personnes pieuses. 35e édition encadrée sur papier teinté. In-32..................................... 50 c.

Pensées et affections sur les mystères et sur les fêtes, par le R. P. Gaëtan-Marie DE BERGAME. 2 vol. in-18 raisin... 4 fr. »

Pensées et affections sur la Passion de Notre-Seigneur Jésus-Christ, par le R. P. Gaëtan-Marie DE BERGAME. 3 vol. in-18 raisin..................................... 7 fr. 50

OUVRAGES DE M. L'ABBÉ CHEVOJON
CURÉ DE NOTRE-DAME DES VICTOIRES

Le Manuel de la jeune fille chrétienne, approuvé par Mgr l'archevêque de Paris. 9ᵉ édition. In-32 raisin encadré........................... 1 fr. 50
La Perfection des jeunes filles, approuvé par Mgr l'Archevêque de Paris. 11ᵉ édition. In-32 raisin encadré........................... 1 fr. 50
Le Souvenir des morts ou moyen de soulager les âmes du Purgatoire. Nouvelle édition entièrement remaniée par l'auteur. In-32 raisin........................... 1 fr. 25

CHOIX DE LECTURES CHRÉTIENNES
2ᵉ édition augmentée. In-18 raisin........................... 3 fr.

LECTURES PIEUSES
Extraites des Pères et des principaux écrivains catholiques
PAR MADAME LA COMTESSE MAX DE BEAURECUEIL
PRÉCÉDÉES D'UNE LETTRE DE S. G. MGR LAGRANGE, ÉVÊQUE DE CHARTRES
In-18 raisin...... 2 fr. 50

PLANS D'INSTRUCTIONS
POUR UN CATÉCHISME DE PERSÉVÉRANCE
(PAROISSES ET INSTITUTIONS)
Par M. l'abbé LE REBOURS
DOGME — MORALE — CULTE — HISTOIRE DE L'ÉGLISE
Chaque brochure in-8ᵉ............... 50 c.
Les quatre années réunies, 2ᵉ édition revue et complétée. 2 fr.

OUVRAGES DE M. L'ABBÉ GAYRARD

CONSIDÉRATIONS POUR LA MÉDITATION QUOTIDIENNE
4 beaux volumes in-12................... 12 fr.

EXPLICATION DU PATER
OUVRAGE SUIVI DE MÉDITATIONS
SUR LE SACRÉ-CŒUR DE JÉSUS ET LE SAINT CŒUR DE MARIE
In-18 jésus...... 2 fr. 50

GUIDE POUR L'EXPLICATION LITTÉRALE ET SOMMAIRE DU CATÉCHISME DE PARIS
7ᵉ édition. In-18. 1 fr. — Cartonné. 1 fr. 25

COMMENTAIRE LITTÉRAL DU CATÉCHISME DE PARIS
4ᵉ édition. In-18. 1 fr. 50 — Cartonné. 1 fr. 75

Manuel des Enfants de Marie Immaculée, à l'usage des réunions externes, dirigées par les Filles de la Charité. Gros in-32 jésus avec gravure................... 1 fr. 75
Zèle de la perfection religieuse (Du), par le P. Joseph BAYMA, S. J. Traduit par le R. P. OLIVAINT. 6ᵉ édition. In-32 raisin........................... 75 c.
Rusbrock l'admirable. Œuvres choisies par Ernest HELLO. In-18........... 1 fr. 80
Philosophie et Athéisme, par E. HELLO (Œuvres posthumes). In-12........ 3 fr. 50
Guide du Pélerin au Sanctuaire séculaire de l'Immaculée-Conception, actuellement sous le vocable de Notre-Dame de Sainte-Espérance, dans l'église Saint-Séverin, à Paris, par M. l'abbé DE MADAUNE, premier vicaire de Saint-Séverin. In-12......... 1 fr.

R. P. LESCŒUR
PRÊTRE DE L'ORATOIRE

LE DOGME DE LA VIE FUTURE
ET LA LIBRE PENSÉE CONTEMPORAINE
In-18 jésus...... 3 fr. 75

OUVRAGES DE M. CH. SAINTE-FOI

Heures sérieuses d'un jeune homme. 12e édition. In-32 encadré.......... **1 fr. 25**
Heures sérieuses d'une jeune personne. 8e édition. In-32 raisin........... **1 fr. 50**
Heures sérieuses d'une jeune femme. 8e édition. In-18 raisin............. **2 fr. »**

DÉVOTION AU SACRÉ-CŒUR

Mois du Sacré-Cœur. Extrait des écrits de la Bienheureuse Marguerite-Marie. 7e édit. In-32 jésus........... **1 fr. 25**
Mois du Sacré-Cœur de Jésus. A. M. D. G. 34e édit. In-32 raisin............. **75 c.**
Pratique de l'amour envers le Cœur de Jésus. 7e édition. In-32 raisin. **1 fr. 50**

Mois (Petit) **du Sacré-Cœur de Jésus,** A. M. D. G., 4e édition. In-32 raisin............... **50 c.**
Mois du Sacré-Cœur de Jésus (Nouveau), par le R. P. GAUTRELET, de la Compagnie de Jésus. 22e édition. In-32 jésus......................... **1 fr. 25**

MOIS DE MARIE

Mois de Marie de Notre-Dame de Séez, par M. l'abbé COURVAL. 3e édition. In-18...................... **1 fr. 50**
Mois de Marie de Notre-Dame du Très Saint Sacrement. Extraits des écrits du R. P. EYMARD. 5e édition. In-32 jésus................... **1 fr. 25**
Mois de Marie du Clergé, par le P. CONSTANT, des Frères Prêcheurs. In-32 raisin....................... **1 fr. 50**

MOIS DE SAINT JOSEPH

Le Mois de saint Joseph, d'après les docteurs et les saints, etc.; par Mlle NETTY DU BOYS. 4e édition. In-32 jésus. **1 fr. »**
Mois de saint Joseph, le premier et le plus parfait des adorateurs, extrait des écrits du P. EYMARD. 4e édition. In-32 jésus. **90 c.**

Ouvrages du R. P. Blot.
Ouvrages de M. E. Cartier.
Bibliothèque dominicaine.
Bibliothèque du saint Rosaire.
Bibliothèque franciscaine.

Bibliothèque oratorienne.
Bibliothèque du Saint-Sacrement.
Musique religieuse.
Ouvrages classiques primaires.
Ouvrages classiques secondaires.
Publications liturgiques.

L'Enseignement chrétien, bulletin bi-mensuel d'enseignement secondaire, organe de l'Alliance des Maisons d'Education chrétienne. 12e année........... **10 fr. par an.**

Bulletin de l'Institut Catholique de Paris, paraissant le 25 de chaque mois. 4e année... **5 fr. par an.**

Bulletin mensuel des œuvres de la jeunesse, publié sous la direction du Conseil général de l'œuvre des patronages. 10e année....................... **3 fr. par an.**

Annales franciscaines. Les abonnements sont d'un an et commencent en septembre. Parait une fois par mois. 32e année..................... **3 fr. par an.**

La Couronne de Marie, annales du Saint-Rosaire. Les abonnements sont d'un an et commencent en janvier. 34e année .... **2 fr. 50 par an.**

9 782329 459127